EROS PEREIRA

RESPONSABILIDADE CIVIL POR ERRO ODONTOLÓGICO

Campinas, 2004

EROS PEREIRA

RESPONSABILIDADE CIVIL POR ERRO ODONTOLÓGICO

Área de Concentração: Princípios e Garantias Constitucionais e seus Reflexos na Legislação de Proteção à Cidadania.

Campinas, 2004

EROS PEREIRA

RESPONSABILIDADE CIVIL POR ERRO ODONTOLÓGICO

Ao meu orientador, Dr. José Luiz Gavião de Almeida.

Aos meus professores e alunos.

Aos meus colegas de mestrado.

À diretora do Juizado Especial Cível de Campinas- Anexo UNIP.

À Bibliotecária Rosana da Universidade Paulista – UNIP- Campus Vitale-Campinas.

Ao Gil, coordenador da Biblioteca de Pedagogia da Unicamp.

À funcionária Jose da Faculdade de Pedagogia da Unicamp pelos livros valiosos.

Aos meus familiares.

À Vânia, Lucas, Mirella e Mateus por tantas alegrias.

AGRADECIMENTO

Meu agradecimento especial ao Professor Dr. José Luiz Gavião de Almeida pelos ensinamentos, pela orientação e pelo exemplo de dedicação. É um grande exemplo para os profissionais do Direito, além de um grande mestre e amigo.

"Os verdadeiros vilões são a raiva, a inveja, a impaciência e a intolerância. Com eles, os problemas não podem ser resolvidos. Embora possamos ter um êxito temporário, em última análise a intolerância ou a raiva irá criar para nós, mais dificuldades. A raiva serve para soluções instantâneas. No entanto, quando procuramos resolver os problemas com compaixão, sinceridade e disponibilidade, nossas soluções talvez levem mais tempo para serem encontradas, mas, enfim, serão da melhor qualidade."

Dalai Lama

RESUMO

O presente trabalho tem por objetivo estudar a responsabilidade civil do cirurgião-dentista frente aos dispositivos Constitucionais e Código de Defesa do Consumidor, Código Civil e demais legislações, no caso do erro odontológico, verificando a responsabilização do profissional mediante sua culpa. O erro odontológico ocorre quando o profissional da área de saúde bucal, o cirurgião-dentista, age com imprudência, imperícia ou negligência por si mesmo, ou ato de alguém sob sua responsabilidade e em razão de seu trabalho. Existe toda uma técnica a ser seguida pelo profissional, desde a esterilização até o constante estudo das inovações na área de atuação, devendo sempre usar a técnica que traga melhores resultados. A Constituição Federal de 1988 responsabiliza os profissionais da área de saúde, incluindo o cirurgião-dentista. Diante desta responsabilidade, o profissional deve estar atento para todo ato e toda documentação necessária para provar que o tratamento realizado foi feito de acordo com as normas corretas da especialidade. Além disso, considerando a má intervenção do profissional, o Código de Defesa do Consumidor, Lei 8078 de 11 de setembro de 1990, estabelece a responsabilidade do dentista pela má prática odontológica. Após uma análise das leis que regulam a profissão, o presente trabalho procura estudar os vários casos de erros odontológicos nas várias especialidades que a profissão permite. O trabalho utilizou-se da pesquisa empírica, no Juizado Especial Cível de Campinas – Anexo UNIP - para fazer um levantamento de como se encontra a procura por indenizações decorrentes de erros odontológicos e, também, da pesquisa teórica em livros referentes ao tema e de levantamento documental, analisando sentenças dos magistrados, para ver como é o entendimento atual a respeito das várias lides nas especialidades odontológicas. Outro aspecto pesquisado refere-se à apuração da culpa e os diversos fatores que devem ser levantados para se determinar a responsabilidade profissional em caso como da cooperação do paciente ou de escolhas por tratamentos mais acessíveis, embora não sejam os mais indicados. Espera-se que este trabalho possa ser uma fonte prática de consulta aos profissionais da área jurídica, aos profissionais odontólogos e a outros interessados.

ABSTRACT

The objective of the present work is to study the civil responsibility of the dentist surgeon front to the Constitutional devices and Consumer Defense Code, Civil Code, and other legislation, in the case of the dentist's malpractice, verifying the professional responsibilization through his blame. The dentist's malpractice happens when the professional of the buccal health area, the dentist surgeon acts with imprudence, mistake or negligence for himself or somebody's action under his responsibility in his work place. The whole technique exists to be followed by the professional, from sterilization to the constant study of the innovations in the area of performance, always using the technique that brings better results. The Federal Constitution of 1988 makes the health area professionals responsible, including dentist surgeons and it establishes its demand. Facing this responsibility the professional should be attentive to every act and every necessary documentation to prove that the accomplished treatment was made in agreement with the correct norms of the specialty. Besides, considering the professional's bad intervention, the Consumer Defense Code, Law 8078 of September 11, 1990, establishes the dentist's responsibility for the malpractice. After analyzing the laws that regulate the profession, the present work tries to study several cases of dentist malpractice in several specialties.

SUMÁRIO

INTRODUÇÃO
1 HISTÓRICO LEGISLATIVO
   1.1 Legislações estrangeiras
   1.2 Legislações do Brasil
      1.2.1 Na Constituição Federal de 1988
      1.2.2 No Código Civil
      1.2.3 No Código de Ética Odontológico
      1.2.4 No Código de Defesa do Consumidor
      1.2.5 Leis de saúde federais e estaduais
      1.2.6 No Código Penal
   1.3 O profissional da odontologia

2 RESPONSABILIDADE CIVIL
   2.1 Conceito
   2.2 Responsabilidade subjetiva e objetiva
   2.3 Responsabilidade contratual e extracontratual
   2.4 Obrigação de meio e de resultado
2.5   A responsabilidade civil do dentista
3 ESPÉCIES DE CULPA
   3.1 Responsabilidade civil com culpa
      3.1.1 Negligência
      3.1.2 Imprudência
      3.1.3 Imperícia
   3.2 Condutas dolosas
   3.3 Culpa civil, culpa penal e administrativa
      3.3.1 Omissão de socorro
      3.3.2 Lesões corporais
      3.3.3 Homicídio culposo
      3.3.4 Homicídio doloso
   3.4 Da relação de causalidade entre a condição e o resultado danoso
   3.5 Ônus da prova
   3.6 Excludentes de responsabilidade
   3.7 O consentimento informado

4 DANO ESTÉTICO E FUNCIONAL
   4.1 Ortodontia e ATM
   4.2 Implantodontia
   4.3 Prótese dentária
   4.4 Endodontia
   4.5 Dentística estética e restauradora
   4.6 Cirurgia buco-maxilo-facial
   4.7 Periodontia
   4.8 Radiologia
   4.9 Patologia bucal/semiologia
   4.10 Odontopediatria

     4.11 Anestesia odontológica
     4.12 Odontologia social
     4.13 Estomatologia
5 O SEGURO POR DANOS MORAIS E MATERIAIS
6 PESQUISA FEITA NO JUIZADO ESPECIAL CÍVEL
CONSIDERAÇÕES FINAIS
REFERÊNCIAS
GLOSSÁRIO
ANEXO DE LEGISLAÇÃO
A – Constituição Federal
B - Lei 5.081, de 24 de agosto de 1966
C - Resolução n. 185, de 26 de abril de 1993
D – Código de Saúde de São Paulo (art.22 a 32
E - Consolidação das normas para procedimentos nos Conselhos Regionais (Dec. Nº 68.704 de 03 de junho de 1971
F – Código de Ética Odontológico
G - Jurisprudência
H - Casos de erros odontológicos no estrangeiro
    – Nerve damage from bone Graf tsugery
    *- **Dentists keep cautions eye on IOM recommendations***
    *– **The Redwoods Group Dentists Insurance Program***

INTRODUÇÃO

A vida moderna e a relação de consumo que abarca a rede de saúde, têm cobrado maior responsabilidade de todos, inclusive pelos atos e erros odontológicos.

O presente trabalho tem o intuito de demonstrar o que a doutrina e a jurisprudência dizem sobre o tema. Observa-se de início que há uma escassez de estudos sobre a responsabilidade odontológica. Talvez, isto se deva a maior repercussão dos erros e da consequente responsabilidade médica.

Mas o assunto é de grande relevância tendo em vista o aumento da procura por tratamentos odontológicos, seja pela diminuição dos seus custos, seja pelo aumento do número de convênios que hoje proliferam nas empresas, ou mesmo, pela importância que as pessoas têm dado à saúde bucal, seja para uma melhor aparência estética ou simplesmente pela busca da preservação dos elementos dentais.

É de relevância o aumento da expectativa de vida no Brasil, encontrando-se pessoas de idade mais avançada ainda com todos os dentes, valorizando-os como se fossem pérolas para o bem estar em suas vidas.

Sendo assim, as pessoas passaram a se importar mais com a perda dentária ou comprometimento da saúde, decorrente de um tratamento odontológico, buscando indenizações e responsabilização do profissional em caso de dano.

Por ocasião do levantamento bibliográfico feito, verificamos a existência de um número relativamente pequeno de trabalhos nacionais. No Brasil escreveu-se mais a respeito do erro médico, como mencionado.

Lutz[1] escreveu a primeira monografia sobre o assunto no Brasil, antes com o intuito de alertar os profissionais da odontologia sobre os perigos da atividade que exercem. Ele relata que na época da monografia, todos os países dispunham de legislação civil e penal aplicáveis à negligência, imperícia e imprudência.

Devido à escassez de trabalhos sobre os danos causados na atividade odontológica, utilizaremos também, obras relativas ao erro médico tendo em vista que nessa atividade existem obrigações de meio e de resultado, melhor definidas, similares ao que ocorre na odontologia, e ainda, pelo fato do art. 951 do Código Civil (CC), relatar que o profissional deverá indenizar os casos de negligência, imprudência e imperícia resultante de sua atividade profissional, não fazendo diferenciação entre os ramos da atividade profissional da saúde.

Arbenz[2] tratou da responsabilidade do médico, e por extensão a do cirurgião-dentista, adaptando as faltas médicas à Odontologia.

Conforme mostraremos adiante, a responsabilidade pelos atos do cirurgião-dentista é fundada na culpa, como geralmente é a responsabilidade médica.

A relação entre o cirurgião-dentista e seu paciente decorre de contrato, podendo ser verbal ou escrito, gerando responsabilidade administrativa, civil, penal e ética, conforme o caso.

Será mostrado que a responsabilidade pelos atos praticados no exercício da odontologia pelo profissional, geralmente é de meio, podendo ser de resultado.

---

[1] LUTZ, Gualter. A. Erros e Acidentes em Odontologia. Rio de Janeiro, 1938 *Apud* FRANÇA, Beatriz Helena Sottile. **Responsabilidade Civil e Criminal do Cirurgião-Dentista**. 1993. Tese (Mestrado em Odontologia Legal e Deontologia) – Faculdade de Odontologia, Universidade Estadual de Campinas, Piracicaba.

[2] ARBENZ, Guilherme Oswaldo. Responsabilidade profissional do cirurgião-dentista. *In*: FRANÇA, Beatriz Helena Sottile. **Responsabilidade Civil e Criminal do Cirurgião-Dentista**. 1993. Tese (Mestrado em Odontologia Legal e Deontologia) – Faculdade de Odontologia, Universidade Estadual de Campinas, Piracicaba.

Atualmente, a sociedade está cada vez mais consciente dos seus direitos e atenta à atuação dos profissionais que estão sujeitos a responder processos, mesmo que estejam exercendo suas profissões diligentemente e com zelo.

O dentista tem função muito parecida com a do advogado, pois realiza sua atividade de forma personalíssima, com autonomia para praticar seus conhecimentos. Sua função está diretamente ligada a seu nome.

É preciso que os dentistas se previnam da melhor forma possível, com as cautelas necessárias, jurídica, documental e profissionalmente, com reciclagem do aprendizado e atualização constante, pois o profissional pode ser responsabilizado até mesmo por não utilizar a técnica mais avançada, se estava ela disponível no momento da execução do trabalho.

Com o objetivo principal de analisar a responsabilidade civil do cirurgião-dentista, analisaremos mais adiante, vários aspectos peculiares da profissão.

Procuraremos discutir o relacionamento entre o cirurgião-dentista, atuando como um prestador de serviços e o paciente, o qual é um consumidor de acordo com o Código de Defesa do Consumidor, e as suas implicações jurídicas no caso de tratamentos sem êxito.

Será que a relação do profissional com seu paciente, inspirada em sua maioria pela confiança, tornou-se somente uma relação de consumo onde o paciente gosta ou não gosta do produto e se não gosta, quer seu dinheiro de volta? Como o dentista vai receber de volta o produto entregue se é um prestador de serviços?

Os direitos dos consumidores estendem-se até ao ressarcimento dos danos causados por ação ou omissão do dentista. Todo profissional deve estar ciente das leis que o responsabilizam. Sua competência ainda é o fator que mais o deixará longe dos tribunais. Mas além do seu conhecimento científico e técnico é preciso estar ciente dos direitos e deveres dos pacientes e de cada membro que trabalhe em seu consultório ou equipe.

Procuraremos esclarecer dentre outras dúvidas, se tem aumentado ou não as ações contra os cirurgiões-dentistas, quais as especialidades geradoras de maior conflito e a média do valor das causas.

Queremos desvelar até que ponto o profissional é responsável no seu dia a dia pelos insucessos de sua atuação e como a realidade da situação financeira do brasileiro influencia na escolha dos profissionais e dos tratamentos para no final buscar entender os motivos pelos quais os profissionais não devem responder igualmente pelos reveses. Deve-se levar em conta os vários fatores envolvidos.

Fatores como a má higiene do paciente, pacientes que só procuram o profissional quando o elemento dental já se encontra muito comprometido, esperando que pelo fato de pagar o preço, possa ter o produto certo, ou seja, que por pagar o tratamento, o dentista tenha a obrigação de restituir seu dente à situação original de um dente sadio e perfeito.

Precisamos esclarecer se é possível cobrar do dentista um resultado objetivo diante das diferentes realidades. Realidades como a do cirurgião plástico, que pode ser condenado por não conseguir um resultado cirúrgico perfeito, mesmo no caso de uma cicatriz tecidual inesperada; a ciência já demonstrou que a regeneração tecidual varia muito de indivíduo para indivíduo.

Todas essas realidades devem ser esclarecidas através de um estudo estatístico e das informações recentes da ciência, para demonstrar-se até que ponto o profissional deve ser responsabilizado. Principalmente porque o Código de Defesa do Consumidor fala que a responsabilidade dos profissionais liberais será feita mediante a comprovação de sua culpa.

Trataremos da importância da conscientização dos profissionais da odontologia e sua responsabilidade civil, pela qualidade de seus serviços e esclarecimentos dos profissionais do mundo jurídico sobre os detalhes de um sistema biológico, como somos e das implicações sociais da atividade do cirurgião-dentista.

Queremos demonstrar que a obtenção de tratamentos adequados simplesmente pela punição em leis não irá conseguir atingir o objetivo de uma melhor odontologia, ou uma melhor preparação dos profissionais pelo temor de ações judiciais, mas a conscientização tanto por parte dos dentistas dos aspectos legais de sua profissão, como do mundo jurídico dos aspectos socioeconômicos da profissão do odontólogo e das realidades dos pacientes que os procuram.

Se conseguirmos uma conscientização no âmbito jurídico, que não se pode considerar todos os atos do dentista como sendo de obrigação de resultado, devido a vários fatores que serão comentados, esclarecer os profissionais odontólogos de suas responsabilidades civis e uma conscientização de que será responsabilizado mediante sua culpa, estaremos satisfeitos de ter colaborado de alguma forma para a prevenção e solução das lides.

Será tratada a efetividade das regras constitucionais que se estabelecem por via da legislação infraconstitucional, garantindo a execução do que está na norma maior.

Este trabalho procurou ver os reflexos constitucionais no Direito Privado analisando a tutela constitucional da saúde através da história e a evolução do Direito Obrigacional no Código Civil, Código de Defesa do Consumidor e nos comandos constitucionais frente à responsabilidade civil por erro odontológico.

Procurou-se trazer uma contribuição, apesar de modesta, ao estudo da Responsabilidade Civil por Erro Odontológico e quem sabe, servir de apoio para futuros estudos sobre o tema.

1 HISTÓRICO LEGISLATIVO

Procuraremos neste capítulo, fazer uma síntese das legislações estrangeiras, que tratam da responsabilização civil, referentes a tratamentos odontológicos através da história, inclusive, como o assunto foi tratado no Brasil, até chegar às legislações vigentes no ordenamento pátrio e suas aplicações.

1.1 Legislações estrangeiras

A arte da cura sempre foi procurada desde os tempos mais remotos. Era ligada a crenças e sistemas religiosos. As antigas civilizações ao codificarem suas leis já falavam da responsabilidade do terapeuta.[3]

Para compreender melhor a responsabilidade civil decorrente de atos médicos e, por similaridade, odontológicos, faremos um breve histórico para uma maior compreensão dos diferentes aspectos que envolvem a responsabilidade civil, com o propósito de conhecer suas origens, até chegar nas legislações atuais.

A Medicina era essencialmente artesanal em seus primórdios. A cura tinha um aspecto de curandeirismo, ligada a dons divinos. Os médicos eram verdadeiros sacerdotes, mas no caso de falha, a punição era severa.[4]

---

[3] LUTZ, Gualter Adolpho. **Erros e acidentes em odontologia**. Ed. C.Mendes. Rio de Janeiro, p.09, 1938.
[4] DANTAS, Eduardo Vasconcelos dos Santos. **Aspectos Históricos da Responsabilidade Civil Médica**. Disponível em:<http://www.jusvi.com.>. Acesso em 11/08/2003, p. 01.

Começa-se a apuração dos danos médicos no século XVI, com as codificações legais exigindo as perícias médicas nos procedimentos jurídicos, constituindo os primórdios da medicina legal.[5]

No reinado de Hamurabi há mais de 40 séculos, o cirurgião que salvasse uma vida deveria receber 10 moedas de prata, mas se a pessoa morresse, teria as duas mãos decepadas. Nesta época já eram curadas infecções dentais com aplicações de meimendro e resina.[6]

Kfouri Neto diz em seu livro[7]:

> O primeiro documento histórico que trata do problema do erro médico é o Código de Hamurabi (1790-1770 a.C.), que também contém interessantes normas a respeito da profissão médica em geral. Basta dizer que alguns artigos dessa lei (215 e ss.) estabeleciam, para as operações difíceis, uma compensação pela empreitada, que cabia ao médico. Paralelamente, em artigos sucessivos, impunha-se ao cirurgião a máxima atenção e perícia no exercício da profissão; em caso contrário, desencadeavam-se severas penas que iam até a amputação da mão do médico imperito (ou desafortunado). Tais sanções eram aplicadas quando ocorria morte ou lesão ao paciente, por imperícia ou má prática, sendo previsto o ressarcimento do dano quando fosse mal curado um escravo ou animal. Evidencia-se, assim, que inexistia o conceito de culpa, num sentido jurídico moderno, enquanto vigorava responsabilidade objetiva coincidente com a noção atual: se o paciente morreu em seguida à intervenção cirúrgica, o médico o matou – e deve ser punido. Em suma, naquela época, o cirurgião não podia dizer, com uma certa satisfação profissional, como o faz hoje: a operação foi muito bem-sucedida, mas o paciente está morto. Se essa era a lei – prossegue Avecone –, pode-se imaginar com que serenidade o médico se preparava para uma cirurgia, com os meios de que então dispunha. Por óbvio, só operações de extrema simplicidade eram praticadas, também porque a anatomia era muito pouco conhecida.

A Lei de Moisés em seu capítulo XXI do Êxodo, v. 18 e seguintes, fala sobre a reparação de danos corporais conhecido como Lei de Talião. Neste período existiram também as Tábuas de Bognazkeni, datado do ano 1290 a.C., fazendo referência à reparação das lesões.[8]

---

[5] DÓRIA, Rodrigues. Responsabilidade Médica apud LUTZ, Gualter Adolpho. **Erros e acidentes em odontologia**. Ed. C.Mendes. Rio de Janeiro, p.10,1938.
[6] *Ibidem*, p. 09.
[7] KFOURI NETO, Miguel. **Responsabilidade Civil do Médico**, 4ª ed., p. 38. São Paulo. Ed. RT, 2000.
[8] DANTAS, Eduardo Vasconcelos dos Santos.**Aspectos Históricos da Responsabilidade Civil Médica**.São Paulo, 2002. Disponível em:< http://www.jusvi.com>. Acesso em 11/08/2003, p. 04.

Nesta época surgiu a *Michna*, de origem judaica, citando na forma de código várias leis que não são privativas ou originárias deste povo. Sua décima lei trata do *Nezikin*, ou *Rhalabah* (em hebraico), que significa danos.

No Egito os sacerdotes eram médicos e recebiam o nome de sunu. O historiador grego Deodoro da Sicília constatou que os Egípcios tinham um livro contendo os preceitos da arte médica, onde as consequências pelo erro poderiam ser os mais graves.[9]

Pouco se sabe sobre a idade de ouro da Grécia, sendo que ocorreu a condenação ao crucifixo do médico de Efestião, cujo nome era Glauco, condenado pelo rei Alexandre Magno. Posteriormente surgem elementos que se sobrepõem ao conceito vingativo da Lei de Talião.[10]

Foram desenvolvidos estudos que dotaram a medicina de um caráter mais científico. Estes estudos viriam a constituir o *Corpus Hippocraticum*. Os avanços na medicina permitiram alterações na apuração das responsabilidades. Agora o profissional da medicina passou a ser responsabilizado não mais pelo resultado em si, mas por sua conduta profissional no caso concreto.[11]

A culpa médica seria apurada através de um colegiado e só seria declarada se houvesse desatenção aos preceitos ou descumprimento das práticas e procedimentos médico-sanitários da época.

Foi criada em Atenas uma Lei Geral de Reparação, que tratava desigualmente os homens, distinguindo o dano involuntário (culposo), ao qual correspondia uma indenização determinada, do dano voluntário (doloso), com uma indenização equivalente ao dobro daquela devida pelo dano involuntário.

---

[9] LUTZ, Gualter Adolpho. **Erros e acidentes em odontologia**. Ed. C.Mendes. Rio de Janeiro, p.09,1938.
[10] *Ibidem*, p. 10.
[11] DANTAS, Eduardo Vasconcelos dos Santos. **Aspectos Históricos da Responsabilidade Civil Médica**. São Paulo, 2002. Disponível em:< http://www.jusvi.com>. Acesso em 11/08/2003, p. 08.

Platão participou na inovação da Lei de Talião, baseando-se em ideias filosóficas de que o valor compensatório a ser pago poderia conduzir à transformação do ódio em amizade desenvolvendo a ideia do dano estético, através das seguintes ideias: em caso de tentativa de homicídio da qual resultassem apenas lesões, o infrator seria condenado a indenizar a vítima em uma quantia "X"; se a tentativa de lesão fosse bem sucedida, deveria pagar o dobro. Se quisesse produzir um dano e deixasse sequela estética, pagaria o triplo. Se a lesão estética fosse incurável, o pagamento indenizatório seria em quádruplo.[12]

Surgiu na Grécia a primeira Organização de Assistência ao Inválido.

Surgiram em Roma os princípios da responsabilidade pelo mal causado sem a vontade de prejudicar, sem dolo, mas apenas com culpa, que decorre da negligência, imperícia ou imprudência. Nesta época foi promulgada a *Lex Aquilia*, tratando de inúmeras hipóteses de danos decorrentes da falta de cuidados.[13]

Kfouri[14] fala sobre como era tratado o assunto em Roma:

> A Lei Cornélia estabelecia uma série de delitos relacionados à prática da profissão médica e as penas que deveriam ser cominadas. Entretanto, com a *lex Aquilia de damno*, plebiscito posterior à Lei Hortênsia, do século III a.C., formulou-se um conceito de culpa, bem como se fixaram algumas espécies de delitos que os médicos poderiam cometer, como o abandono do doente, a recusa à prestação de assistência, os erros derivados da imperícia e das experiências perigosas. Como consequência, estabelece-se a obrigação de reparar o dano, limitando-o ao prejuízo econômico, sem se considerar o que hoje se define como dano moral. Quem matasse um escravo ou animal alheio seria condenado a pagar o mais alto valor que tivesse tido no ano anterior ao delito; quem tivesse ferido um escravo ou um animal alheio, como também destruído ou deteriorado coisa corpórea alheia, deveria pagar ao proprietário o mais alto valor que o objeto tivera nos 30 dias precedentes ao delito. Para intentar a *actio legis Aquiliae*, era necessário: a) que o dano tivesse causado injuria, isto é, contrariasse o direito; b) uma falta positiva (*in committendo*). Deixar o escravo alheio morrer de fome, por constituir culpa *in omittendo*, não gerava responsabilidade. Qualquer falta imputável ao autor era suficiente: *in lege Aquilia et levíssima culpa venit*; c) um dano *corpori corpore datum* – o dano deveria ter sido causado por um contato

---

[12] DANTAS, Eduardo Vasconcelos dos Santos. **Aspectos Históricos da Responsabilidade Civil Médica**. São Paulo, 2002. Disponível em:< http://www.jusvi.com>. Acesso em 11/08/2003, p. 09.
[13] *Ibidem, p. 06*.
[14] KFOURI NETO, Miguel. **Responsabilidade Civil do Médico**, 4ª ed.. São Paulo. Ed. RT, p.39, 2000.

> direto do corpo do autor com o da vítima. "Na *Lex Aquilia* encontram-se os primeiros rudimentos de responsabilidade médica, prevendo a pena de morte ou deportação do médico culpado de falta profissional. Nas obras de Plínio, todavia, deparam-se reclamações de impunidade médica, tendo em vista a dificuldade, já àquela época, das tipificações legais. Afirmava Ulpiano (Dig. 1, 18, 6, 7) que, 'assim como não se deve imputar ao médico o evento morte, deve-se lhe imputar o que houver cometido por imperícia'. Há mais de 1.500 anos, já se cogitava da imperícia do médico, que se tornava responsável pelos danos que viesse a causar ao paciente por falta de habilidade ou conhecimentos.

Para a Lei Aquiliana, não havia preço para o homem livre, mas o escravo tinha seu valor em moedas. A indenização deveria ter um preço justo. O lesionado estabelecia o valor da lesão, e o juiz decidia se o valor era justo ou não. O fato doloso valia o dobro que o culposo.[15]

Ocorreu um importante desenvolvimento legislativo no ano 451 a.C., introduzindo-se a sanção penal para os casos de lesões pessoais, levando-se em conta a qualificação pessoal, o estado físico do lesionado, os gastos médicos, a noção de incapacidade temporária etc., influenciando até o Código Napoleônico.[16]

O *Corpus Júris Civilis* foram as leis recopiladas da Lei Aquília por Justiniano. O livro Digesto trazia as matérias civis, indicando a forma de medir prejuízos patrimoniais e extrapatrimoniais.

Esta lei falava de prejuízos às coisas vendáveis e que possuíam direitos de propriedade, como um escravo, sendo que a jurisprudência estendeu a sua aplicação a todo homem livre. De acordo com o Direito Romano não cabia ao médico culpa pela morte natural do paciente, mas sim pelos resultados da sua imperícia. Dos Romanos também surgiu o conceito de que a grande negligência importa em culpa e a negligência excessiva em grande culpa, podendo importar em dolo.[17]

---

[15] KFOURI NETO, Miguel. **Responsabilidade Civil do Médico**, 4ª ed.. São Paulo. Ed. RT, p.40, 2000.
[16] DANTAS, Eduardo Vasconcelos dos Santos.**Aspectos Históricos da Responsabilidade Civil Médica**. São Paulo, 2002.Disponível em:< http://www.jusvi.com >,. Acesso em 11/08/2003, p. 07.
[17] LUTZ, Gualter Adolpho. **Erros e acidentes em odontologia**. Ed. C.Mendes. Rio de Janeiro, p.11, 1938.

Durante a idade média foi se formando o Direito Canônico, onde a culpa do médico pela morte de alguém nunca se presume pelo simples fato de morrer um doente. Entre 1173 e 1180 um jurista anônimo codificou o direito da época no "*Livre dês assises de la Cour dês Bourgeois*", tratando dos profissionais que medicam ou operam feridos de modo indevido, causando-lhes a morte.

As penas eram desumanas, como conduzir o médico a chicotadas pela cidade, empunhando um urinol e depois era enforcado. Os honorários recebidos do morto eram retirados do espólio do profissional e devolvidos aos parentes do paciente falecido. Se resultasse mutilação a pena era de decepação da mão direita ao nível do punho.[18] A Corte de Justiça ainda devia expulsá-lo da cidade.

Não há disposições específicas nas legislações do Reino Latino de Jerusalém sobre o tratamento odontológico, talvez porque na época o tratamento dentário não fosse separado de qualquer outra parte do corpo, mas quem os praticasse estaria sujeito aos mesmos dispositivos legais.

Depois da idade média surgiu a *Constitutio Criminalis* Carolingeo, o Código Penal do Imperador Carlos V em 1532, onde tratava da imperícia e da negligência.[19]

Entre a idade média e a revolução francesa, já na idade moderna, existia uma derrogação da responsabilidade profissional. O parlamento francês declarava os médicos e cirurgiões não responsáveis pelos acidentes que sobrevêm no decurso do tratamento, mas as decisões jurídicas posteriores mantiveram as responsabilidades profissionais, penais e civis.

Nos países anglo-saxônicos, há a divisão do direito em Direito Usual e o Direito das Leis escritas. O Direito Usual ("Commom Law") decide as questões baseando-se na jurisprudência. De acordo com ele a extrema culpa pode ser comparada ao dolo. Como cada

---

[18] LUTZ, Gualter Adolpho. **Erros e acidentes em odontologia.** Ed. C.Mendes. Rio de Janeiro, p.13,1938.
[19] *Ibidem*, p.14.

estado americano tem um direito usual, resulta que a maioria dos processos por imperícia foram julgados no foro cível e não no criminal.

Atualmente quase todos os países possuem uma legislação civil e uma legislação penal aplicáveis à imprudência, imperícia e negligência, como: Alemanha, Argentina, Chile, Espanha, França, Holanda, Honduras, Itália, México etc. Estas leis tanto se aplicam aos médicos como aos cirurgiões-dentistas.[20]

Em 1829, os tribunais franceses achavam difícil responsabilizar o médico. O ônus da prova recaía sobre quem acusava o profissional. No ano de 1832 ocorreu o primeiro julgamento que considerou um médico culpado pela mutilação de uma criança durante o parto, tendo que pagar uma pensão anual à vítima.[21]

Surgiu depois o conceito da perda de uma chance, isto é, o erro médico decorrente do fato de não terem sido oferecidas ao paciente todas as chances de cura . Esta perda já seria suficiente para ensejar uma responsabilização profissional. Ocorreu na França a primeira condenação baseada neste princípio em 1957.

Em 1947, o Código de Nuremberg, conseqüência dos crimes de guerra ocorridos, manteve os direitos estabelecidos nas leis anteriores além de instituir o livre consentimento com prévia informação de risco e benefício, estabelecendo pela primeira vez a proteção contra danos físicos e materiais ao paciente.[22]

Em 1948, a Declaração Universal dos Direitos Humanos manteve os direitos anteriores e instituiu o direito de igualdade e fraternidade entre os homens, liberdade e segurança, direito à vida, entre outros e o direito a privacidade em seu lar e vida particular.

Em 1964, a Declaração de Helsinki seguiu a tradição de manter direitos já estabelecidos, instituindo ainda outros como a aplicação de princípios morais na pesquisa.

---

[20] LUTZ, Gualter Adolpho. **Erros e acidentes em odontologia.** Ed. C.Mendes. Rio de Janeiro, p.15, 1938.
[21] KFOURI NETO, Miguel. **Responsabilidade Civil do Médico.** 4ª ed.. São Paulo. Ed. RT, p.43 - 44, 2000.
[22] RADICCHI, Ronaldo. **Responsabilidade Civil e Criminal do Atendimento Odontológico ao Paciente HIV soropositivo.** 2001. Tese (Mestrado em Odontologia) – Faculdade de Odontologia, Universidade Estadual de Campinas, Piracicaba, p. 82.

Em 1966, O Pacto Internacional sobre Direitos Civis e Políticos tratou do direito das pessoas, estabelecendo que é dever do Estado a proteção do indivíduo contra discriminação, ou seja, os profissionais não podem fazer acepção de pacientes por motivo de cor, raça etc, por ocasião da procura do mesmo em seu consultório particular ou em ofício público.

Em 1975, a Declaração de Helsinki II, trouxe a instituição de Comissão de ética para Pesquisa Biomédica em Seres Humanos, criando salvaguardas de integridade ao conjunto físico e mental do paciente, constituindo-se no conceito de saúde atual.[23]

Em 1989, a Declaração de Helsinki IV, abordou entre outros temas a imputabilidade civil e ética dos médicos em trabalhos de pesquisa, responsabilidade do resultado sempre imputada ao médico, prevalência dos interesses do paciente sobre os da ciência e da sociedade, respeito à integridade e privacidade do paciente e reconhecimento da possibilidade de dano à integridade física, mental e a personalidade do paciente.

1.2 Legislações do Brasil

Com a chegada dos portugueses ao Brasil, ficamos sujeitos à sua legislação, vigorando inicialmente as Ordenações Afonsinas (1446), e depois foram substituídas pelas Ordenações Manuelinas em 1514.[24]

Posteriormente, foram substituídas pelas Ordenações Filipinas e mesmo após a independência do Brasil, elas continuaram a vigorar. Foi somente por ocasião da primeira Constituição brasileira, outorgada em 1824 pelo Imperador D. Pedro I, que o Brasil se organizou como nação independente.[25]

---

[23] RADICCHI, Ronaldo. **Responsabilidade Civil e Criminal do Atendimento Odontológico ao Paciente HIV soropositivo.** 2001. Tese (Mestrado em Odontologia) – Faculdade de Odontologia, Universidade Estadual de Campinas, Piracicaba, p. 85.
[24] PIERANGELI, José Henrique – **Códigos penais do Brasil: evolução histórica** – 2.ed. – São Paulo: Editora Revista dos Tribunais, 2001, p. 51-54.
[25] *Ibidem*, p. 65.

A Constituição de 1824, não comenta a respeito da proteção ao tratamento odontológico de forma específica.

A história ancestral da responsabilidade civil – ou obrigação de reparação de danos – no Brasil tem seu marco inicial nas Ordenações do Reino, denominação dada aos Códigos Afonsino, Manuelino, Sebastiânico e Filipino. Nelas se mantinha forte a influência do Direito Romano, que era expressamente mencionado como fonte subsidiária de direito positivo[26].

A responsabilidade civil estava ligada à responsabilidade penal, havendo o dever de satisfação no Código Criminal do Império em razão do dano causado. Não era o pensamento dominante na época, sendo o elemento definidor o tipo de interesse atingido: público ou privado. Em seus arts. 301 e 302, proibiam o uso clandestino de qualquer título, sob pena de prisão de 10 a 60 dias e multa, mas não eram rigorosamente cumpridos, sendo a prática odontológica exercida por muito tempo por escravos, negros e mulatos.[27]

Câmara Souza, diz a esse respeito[28]:

> Uma próxima fase, a terceira, tem início pela genialidade de Teixeira de Freitas, o qual não concordava que a responsabilidade civil estivesse ligada à responsabilidade criminal. Ele observava, em seus escritos, que o ressarcimento do prejuízo ocasionado pelo delito passava a ser abordado como competência de legislação civil. Isso ocorria, segundo ele, em conseqüência da Lei de 3 de dezembro de 1841 ter derrogado o Código Criminal, tendo revogado-lhe o art. 31 e o § 5º do art. 269 do Código de Processo. Nessa mesma época, portanto, o instituto da responsabilidade civil se consolida como independente da responsabilidade criminal, passando, também, a se fundamentar no conceito de culpa, desenvolvendo-se a teoria da responsabilidade indireta, sendo admitida a presunção de culpa no dano causado por coisas inanimadas. Desenvolve-se, na mesma época, o princípio da responsabilidade dos funcionários públicos.

Marilise Kostelnaki Baú[29], diz:

---

[26] PIERANGELI, José Henrique – **Códigos penais do Brasil: evolução histórica** – 2.ed. – São Paulo: Editora Revista dos Tribunais, p.54, 2001.
[27] VIANNA, Amílcar W. História da Odontologia no Brasil. In: OLIVEIRA, Marcelo L.L.**Responsabilidade Civil Odontológica.** Belo Horizonte:Del Rey, p. 34, 1999.
[28] SOUZA, Néri Tadeu Câmara . Disponível em:<http://www.conjur.uol.com.br/textos/17106> p. 01. Acesso em 30 de agosto de 2003.
[29] BAÚ, Marilise Kostelnaki. **O contrato de assistência médica e a responsabilidade civil.** Ed. Forense. São Paulo, 2. ed., p. 11, 2001.

No Brasil-Colônia, as Ordenações do Reino determinavam a obrigação de satisfação do dano, conforme comenta Valler, ao mencionar o art. 21, que tratava da obrigação do delinqüente de reparar o dano causado com o delito. O art. 22 determinava manter que a satisfação devesse ser a mais ampla possível e que, em caso de dúvida, a interpretação fosse feita em favor do ofendido. O art. 29, de sua vez, tratava da obrigação dos herdeiros do delinqüente em satisfazer o dano até o limite dos bens herdados. Até o começo do século, a responsabilidade civil, no Brasil, no referente ao funcionário público, prevista na Constituição Federal, e quanto ao transporte de coisa, estabelecida no Código Comercial. Lei específica surgiu, pela primeira vez, em 1912, versando sobre a regulamentação da responsabilidade das estradas de ferro. O princípio norteador, genérico, sobre a responsabilidade aquiliana, adveio com os artigos 159 e 160 do Código Civil, de 1916. Dessas regras emanam todas as demais obrigações de reparação de danos.

Começou a considerar o descumprimento das obrigações por inobservância de textos legais e pelo descumprimento da norma contratual.

Na Constituição de 1891, por ocasião da Proclamação da República, não é igualmente referida a proteção específica ao tratamento odontológico ou ao paciente.

Já na Constituição Federal de 1934, o art. 5º, XIX, k, diz: "Compete privativamente à União legislar sobre: condições de capacidade para o exercício de profissões liberaes e technico-scientíficas[...]."

E no art. 138, f, diz:

> Incumbe à União, aos Estados e aos Municípios, nos termos das leis respectivas: adoptar medidas legislativas e administrativas tendentes a restringir a mortalidade e a morbidade infantis; e de hygiene social, que impeçam a propagação das doenças transmissíveis.

Por sua vez, a Constituição Federal de 1937 traz em seu art. 16, XXVII : "Compete privativamente à União o poder de legislar sobre as seguintes matérias: normas fundamentais da defesa e proteção da saúde, especialmente da saúde da criança."

Aqui se fez referência sobre a saúde e sua proteção em nosso país. Observamos que as Constituições pouco falaram com respeito à saúde.

A próxima Constituição, de 1946, também faz referência à proteção da saúde, mas não trata diretamente ainda sobre a profissão do cirurgião-dentista. Esta Constituição Federal, em seu art. 5º, XV "b" e "p",diz: *b)* "Compete à União: legislar sobre: normas gerais de direito financeiro; de social; de defesa e proteção da saúde; e de regime [...]" e p) " condições de capacidade para o exercício das profissões técnico-científicas e liberais."

Na Constituição de 1967 e a emenda Constitucional nº 1 de 1969, trata em termos gerais da saúde, contendo três artigos relacionados. Nesta Constituição Federal, o art. 8º, XVII, "c" e "r", diz: "Compete à União legislar sobre: normas gerais de direito financeiro; de seguro e previdência social; de defesa e proteção da saúde," e na letra "r": "[...]condições de capacidade para o exercício das profissões liberais e técnico-científicas."

No art. 150, § 23, diz: "A constituição assegura, [...] nos termos seguintes: É livre o exercício de qualquer trabalho, ofício ou profissão observadas as condições de capacidade que a lei estabelecer."

No art. 158, XV, diz: "A Constituição assegura aos trabalhadores os seguintes direitos:[...] que visem à melhoria de sua condição social: assistência sanitária, hospitalar e médica preventiva."[30] Aqui se vislumbra a preocupação de uma saúde preventiva.

O homem tem se preocupado com a aparência estética e, como não podia deixar de ser, nosso sorriso foi motivo de muitas preocupações. Avanços tecnológicos ocorreram na odontologia, na arte de restaurar a funcionalidade e estética dental, sejam pelas técnicas restauradoras mais eficientes ou pelos materiais e equipamentos odontológicos mais modernos. A ciência tem aumentado a expectativa da saúde bucal.

Apesar disso, como adverte Miguel Kfouri Neto[31], à medida que a sociedade evolui, mais presente se torna a responsabilidade civil em nossas vidas. As vítimas buscam reparação

---

[30] CUNHA, Alexandre Sanches. **Todas as constituições brasileiras.** Campinas: Bookseller, 2001.
[31] KFOURI NETO, Miguel. **Responsabilidade civil do médico**. 4.ed – São Paulo: Editora Revista dos tribunais, p.223, 2001.

em dinheiro como forma de indenizar o prejuízo ou compensar a morte, redução da capacidade de trabalho, a dor, humilhação ou tristeza.

1.2.1 A Constituição Federal de 1988

Na Constituição de 1988, a saúde tem um tratamento bem maior e de acordo com a sua devida importância. Nela estão expressas as diretrizes dos direitos dos cidadãos.

No art. 5º está expresso o direito fundamental à tutela da pessoa pelo Estado em seu aspecto não econômico. No inciso III, enfatiza que ninguém sofrerá tratamento desumano ou degradante, protegendo ainda a honra e a imagem das pessoas em seu inciso X, ficando assegurada a reparação por danos materiais e morais.

Ela sofreu grande influência do panorama internacional dos direitos humanos previstos na Declaração Universal dos Direitos Humanos e no Pacto Internacional sobre Direitos Civis e Políticos.

O art. 3º ,IV, diz: "Constituem objetivos fundamentais da República Federativa do Brasil: IV - a promoção do bem de todos sem discriminação de origem, raça, sexo, cor, idade e quaisquer outras formas de discriminação."

O art. 4º, II diz: "A República Federativa do Brasil rege-se nas suas relações internacionais pelos seguintes princípios: II – prevalência dos direitos humanos."

No art. 6º , do Título II que trata dos Direitos e garantias Fundamentais, no Capítulo II dos Direitos Sociais, diz a Constituição de 1988 que são direitos sociais: a educação, a saúde, o trabalho, o lazer, a segurança, a previdência social, a proteção à maternidade e à infância, a assistência aos desamparados, na forma desta Constituição.

O art. 194, do Título VII que trata da ordem social, dentro do Capítulo II da Seguridade Social, define a Seguridade Social como um conjunto integrado de ações de iniciativa dos Poderes Públicos e da sociedade, destinadas a assegurar os direitos relativos à saúde, à previdência e à assistência social.

A Constituição Federal, no título VIII, capítulo II, seção II, diz a respeito da saúde em seu art. 196: "A saúde é direito de todos e dever do Estado, garantido mediante políticas sociais e econômicas que visem à redução do risco de doença e de outros agravos e ao acesso universal igualitário às ações e serviços para sua promoção, proteção e recuperação.

Estabelece que a saúde é direito de todos e dever do Estado. Em seu art. 197, diz:

> São de relevância pública as ações e serviços de saúde, cabendo ao Poder Público dispor, nos termos da lei, sobre sua regulamentação, fiscalização e controle, devendo sua execução ser feita diretamente ou através de terceiros e, também, por pessoa física ou jurídica de direito privado.

Existe também a participação da iniciativa privada. À iniciativa privada é dada complementar a atuação do Sistema Único de Saúde (SUS), sendo certo, no entanto, que preferência deve ser dada a entidades filantrópicas e sem fins lucrativos. Na mesma linha de idéias proíbe-se a destinação de fundos públicos para auxílios ou subvenções às instituições privadas com fins lucrativos. Da mesma sorte veda-se a participação do capital estrangeiro na assistência à saúde no País, salvo através de doações de organismos internacionais vinculados à Organização das Nações Unidas, de entidades de Cooperação Técnica e de Financiamento e Empréstimos.[32]

Na sua prestação desempenha papel importantíssimo o SUS a que se refere o art. 198. Ele consiste numa integração das ações e serviços públicos de saúde, tendo por diretrizes o princípio da descentralização, no nível de cada esfera de governo, o atendimento integral e a participação da comunidade.

---

[32] BRASIL. Constituição (1988). **Constituição da República Federativa do Brasil**. Brasília, DF: art. 199, § 3º.

O art. 200, II, determinou que as ações de vigilância sanitária e epidemiológica e de saúde do trabalhador competem ao SUS."[33]

Ele goza de inúmeras competências elencadas no art. 200, que vão desde o controle e a fiscalização de procedimentos até a colaboração na proteção do meio ambiente. As Leis n. 8.080, de 19 de setembro de 1990, e 8.142, de 28 de dezembro de 1990, disciplinam a matéria.

A Constituição da República Federativa do Brasil, no seu art. 6º, relaciona a saúde entre os direitos sociais; no art. 23, II, atribui a União, aos Estados, ao Distrito Federal e aos Municípios competência para cuidar da saúde pública, bem como adotar medidas que visem a garantir proteção aos portadores de deficiências. Aos Municípios, o art. 30, VII, atribui competência para prestar, em cooperação técnica e financeira da União e do Estado, serviços de atendimento da saúde pública. O art. 200 estabelece a competência do SUS.

A saúde é concebida como direito de todos e dever do Estado, que a deve garantir mediante políticas sociais e econômicas que visem à redução do risco de doenças e de outros agravos.

As ações e serviços de saúde são de relevância pública, por isso ficam inteiramente sujeitos à regulamentação, fiscalização e controle do Poder Público, nos termos da lei, a quem cabe executá-los indiretamente ou por terceiros, pessoas físicas ou jurídicas de direito privado.

O SUS constitui o meio pelo qual o Poder Público cumpre seu dever na relação jurídica de saúde que tem no pólo ativo qualquer pessoa e a comunidade.

Responsável pelas ações e serviços de saúde é o Poder Público, mas pode ser feita a assistência à saúde pela iniciativa privada, cujas instituições poderão participar complementarmente ao SUS.[34]

---

[33] BRASIL. Constituição (1988). **Constituição da República Federativa do Brasi** São Paulo.Ed. RT, 1996
[34] SILVA, José Afonso da. **Curso de Direito Constitucional Positivo.** São Paulo. Malheiros Editores. 13.ed, p.762, 1997.

1.2.2 O Código Civil

O Código Civil brasileiro contém normas a respeito das relações entre os particulares em geral (particulares no sentido de que não se trata de agentes ou órgãos governamentais), inclusive normas de ressarcimento de danos ocorridos nesta relação.

Se o profissional for um funcionário público, teria aplicação o art. 43 do CC, que diz: "As pessoas jurídicas de direito público interno são civilmente responsáveis por atos dos seus agentes que nessa qualidade causem danos a terceiros, ressalvado direito regressivo contra os causadores do dano, se houver, por parte destes, culpa ou dolo."

O art. 389 do CC estabelece: "Não cumprida a obrigação, responde o devedor por perdas e danos, mais juros e atualização monetária segundo índices oficiais regularmente estabelecidos, e honorários de advogado."

Neste caso, a ação indenizatória ocorre pelos danos causados pelo atraso no cumprimento do estabelecido ou pelo cumprimento de uma forma não acordada, como nos atrasos não previstos na finalização de tratamentos ou uso de materiais não especificados.

O art. 935, comenta que, não podemos discutir sobre a existência do fato, ou quem foi seu autor, quando essas questões já se acharem decididas no juízo criminal.

O art. 949, diz: "No caso de lesão ou outra ofensa à saúde, o ofensor indenizará o ofendido das despesas do tratamento e dos lucros cessantes até ao fim da convalescença, além de algum outro prejuízo que o ofendido prove haver sofrido."

Por sua vez, o art. 950, diz:

> Se da ofensa resultar defeito pelo qual o ofendido não possa exercer o seu ofício ou profissão, ou se lhe diminua a capacidade de trabalho, a indenização, além das despesas do tratamento e lucros cessantes até ao fim da convalescença, incluirá pensão correspondente à importância do trabalho para que se inabilitou, ou da depreciação que ele sofreu. Parágrafo único. O prejudicado, se preferir, poderá exigir que a indenização seja arbitrada e paga de uma só vez.

Estabelece os parâmetros para indenização por danos corporais, criando a pensão equivalente ao prejuízo sofrido devido à incapacidade para o trabalho do ofendido.

O artigo 951 do CC diz que tem a obrigação de indenizar quem no exercício de sua profissão causar dano ou morte por negligência, imprudência ou imperícia, não tendo um caráter tão específico quanto tinha o art. 1.545 do Código Civil de 1916, que dispunha que os médicos, cirurgiões, farmacêuticos, parteiras e dentistas são obrigados a satisfazer o dano, sempre que da imprudência, da negligência ou da imperícia em atos profissionais, resultar morte, inabilitação de servir, ou ferimento.

O art. 27 do Código de Defesa do Consumidor, diz que o prazo é de 5 anos contados a partir do conhecimento do dano e de sua autoria, mas de acordo com o art. 206, § 3º, V, CC, a prescrição destas ações indenizatórias ocorre em 3 anos.

1.2.3 O Código de Ética Odontológico

O Código de Ética Odontológica foi aprovado pela resolução do CFO nº 179, de 19 de dezembro de 1991 e alterado pelo Regulamento nº 01, de 05.06.98 . O texto baseou-se no Relatório Final da I Conferência Nacional de Ética Odontológica , realizada em Vitória (ES), pelo Conselho Federal e Conselhos Regionais de Odontologia, em 1991. Resolução CFO - 179/91.

Ao examinarmos o Código de Ética Odontológico, podemos ver em seu artigo 1º do Capítulo I, nas Disposições Preliminares, o seguinte: "Art. 1º. Código de Ética Odontológica regula os direitos e deveres dos profissionais e das entidades com inscrição nos Conselhos de Odontologia, segundo suas atribuições específicas."

O artigo 1º referiu-se ao objetivo do Código de Ética, enquanto ao artigo 2º diz: "A Odontologia é uma profissão que se exerce, em benefício da saúde do ser humano e da coletividade, sem discriminação de qualquer forma ou pretexto".

Este artigo tratou da importância da saúde odontológica para o bem estar geral do ser humano, mostrando que a saúde bucal é de primordial importância para o conceito de saúde geral.

O profissional deve estar consciente de seus deveres e dos direitos dos pacientes, devendo atuar também de acordo com o que prevê a Resolução do Conselho Federal de Odontologia.

O art.3º, I, diz: "Constituem direitos fundamentais do dentista: diagnosticar, planejar e executar tratamentos, com liberdade de convicção, nos limites de suas atribuições, observados o estado atual da ciência e sua dignidade profissional".

Conclui-se deste artigo que o profissional deve diagnosticar os problemas e planejar os tratamentos, inclusive a presença de doenças como AIDS e outras que possam se manifestar na cavidade bucal.

O artigo seguinte trata dos deveres fundamentais do profissional:

Art. 4º. Constituem deveres fundamentais dos profissionais inscritos:

> I - exercer a profissão mantendo comportamento digno;
> II - manter atualizados os conhecimentos profissionais e culturais necessários ao pleno desempenho do exercício profissional;
> III - zelar pela saúde e pela dignidade do paciente;
> IV - guardar segredo profissional;
> V - promover a saúde coletiva no desempenho de suas funções, cargos e cidadania, independentemente de exercer a profissão no setor público ou privado;
> VI - elaborar as fichas clínicas dos pacientes, conservando-as em arquivo próprio;
> VII - apontar falhas nos regulamentos e nas normas das instituições em que trabalhe, quando as julgar indignas para o exercício da profissão ou prejudiciais ao paciente, devendo dirigir-se, nesses casos, aos órgãos competentes;
> VIII - propugnar pela harmonia na classe;
> IX - abster-se da prática de atos que impliquem mercantilização da Odontologia ou sua má conceituação;

X - Assumir responsabilidade pelos atos praticados;
XI - resguardar a privacidade do paciente durante todo o atendimento.

O Código de ética deixa bem claro qual é o propósito da Odontologia em seu artigo sexto e faz referência a alguns cuidados que se devem tomar no relacionamento profissional/paciente: "Constitui infração ética: II – deixar de esclarecer adequadamente os propósitos, riscos, custos e alternativas do tratamento."

Após ter se averiguado se é caso de responsabilização ou não do profissional, é de suma importância ter-se todos os documentos como: ficha de orçamento, anamnese, radiografias etc. São necessários, para comprovar os custos decorrentes do tratamento, notadamente para cobrança dos mesmos, em caso de inadimplemento, mesmo as notas fiscais das compras de materiais odontológicos e serviços prestados por terceiros, como os protéticos.

São importantes todas as formas de comprovação dos serviços prestados para efeito também de facilitar eventual conciliação de honorários, naqueles casos em que o paciente desiste do tratamento.

Assim, a falta de documento assinado pelo paciente, muito embora não impeça a cobrança judicial, poderá dificultá-la, na medida em que valor menor poderá vir a ser arbitrado pelo Juízo, em caso de impugnação por parte daquele.

Seguindo a análise do Código de Ética Odontológico, em seu artigo nono, vai ser tratado o cuidado que o profissional deve ter com o sigilo profissional.

Art. 9º. Constitui infração ética:

I - Revelar, sem justa causa, fato sigiloso de que tenha conhecimento em razão do exercício de sua profissão;
II - Negligenciar na orientação de seus colaboradores quanto ao sigilo profissional.

§ 1º. Compreende-se como justa causa, principalmente:
a) notificação compulsória de doença;
b) colaboração com a justiça nos casos previstos em lei;
c) perícia odontológica nos seus exatos limites;
d) estrita defesa de interesse legítimo dos profissionais inscritos;
e) revelação de fato sigiloso ao responsável pelo incapaz.

§ 2º. Não constitui quebra de sigilo profissional a declinação do tratamento empreendido, na cobrança judicial de honorários profissionais.

O código trata nos arts. 16 a 18 a respeito da internação hospitalar, dando competência ao dentista para:

> [...] internar e assistir o paciente em hospitais públicos e privados, com ou sem caráter filantrópico, respeitando as normas técnico-administrativas das instituições. Estabelece como infração ética, no art. 18, executar intervenção cirúrgica fora do âmbito da odontologia, mesmo que em hospitais.

E dentre tantos assuntos, o artigo 36 trata das penalidades impostas e suas aplicações: "Os preceitos deste Código são de observância obrigatória e sua violação sujeitará o infrator e quem, de qualquer modo, com ele concorrer para a infração, às seguintes penas previstas no artigo 17 do Estatuto, de 10 de julho de 1998:

> I - advertência reservada;
> II - censura pública;
> III - suspensão do exercício profissional, até cento e oitenta (180) dias, "*ad referendum*" do Conselho Federal;
> IV - cassação do exercício profissional "ad referendum" do Conselho Federal.

Como vimos, o Código de Ética Odontológico é bem completo, abrangendo desde os direitos e deveres do cirurgião-dentista, até as penalidades a que estão sujeitos pela má prática da profissão.

1.2.4 O Código de Defesa do Consumidor

Pretendeu-se no Código de Defesa do Consumidor a responsabilidade objetiva dos profissionais liberais, esquecendo o elemento subjetivo, mas isto não foi recebido no texto final da lei, sendo que a responsabilidade dos profissionais liberais somente é possível de ser apurada mediante a comprovação de culpa.

O dentista possui melhores condições de fornecer as provas necessárias à instrução processual, pois possui o acesso ao prontuário clínico e conhecimento das técnicas necessárias

Por essas razões, em situações especiais, como prevê o Código de Defesa do Consumidor, pode o juiz inverter o ônus da prova, transferindo ao dentista a incumbência de provar que agiu sem culpa. Neste caso, caberá ao paciente somente o encargo de provar que determinado serviço não foi prestado da forma como deveria ter sido.

Constitui-se numa inovação na relação entre o profissional da saúde e os usuários da rede pública e privada. No art. 3º trata de definir o cirurgião-dentista como um fornecedor, seja como pessoa física ou jurídica, privada ou pública, prestando serviço na área da saúde.

No art. 4º, I, diz que o paciente é o consumidor ao qual as ações do governo devem proteger devido a sua vulnerabilidade perante o mercado. Trata juntamente com o art. 6º da proteção à vida, direito a informação e educação sobre o tratamento, com esclarecimentos prévios sobre riscos e danos e proteção contra publicidade enganosa. Possui ainda o direito de reparação dos danos patrimoniais, morais, individuais, coletivos e difusos e livre acesso aos órgãos jurídicos.

O art. 7º, parágrafo único; o art. 25º, parágrafos 1º e 2º e o art. 34º tratam do caso em que o cirurgião-dentista for empregado, respondendo solidariamente pelo dano causado por seu empregado ou produto incorporado ao tratamento.

O Código brasileiro de Defesa do Consumidor (CDC), é uma lei inovadora. Com poucos anos em vigor (Lei 8.078/90), trouxe a responsabilização do profissional liberal em seu artigo 14, § 4º, que diz: "A responsabilidade pessoal dos profissionais liberais será apurada mediante a verificação de culpa."

Este artigo estabelece que o cirurgião-dentista responderá dependendo da existência e comprovação de sua culpa, sendo que o parágrafo 4º personaliza sua responsabilidade. Foi preciso que o § 4º mencionasse expressamente essa exceção, isto é, a responsabilidade pessoal do profissional liberal deverá ser investigada a título de culpa, sendo ela subjetiva.

O profissional liberal deve ser entendido como aquele que o consumidor escolhe *intuitu personae*, onde são importantes os elementos confiança e competência. Quando o profissional liberal integra uma pessoa jurídica ou lhe presta serviços, a responsabilidade desta é objetiva, não podendo se falar em responsabilidade pessoal, mencionada no art. 14, § 4º, do CDC.

O CDC adotou a teoria do risco para as relações de consumo, ou seja, "[...] aquele que cria um risco para o consumidor a partir de sua atividade econômica, para a obtenção de lucro, deve indenizar os danos causados pelo produto ou serviço objeto desta atividade."

A necessidade da prova da culpa do profissional liberal é uma exceção no Código de Defesa do Consumidor, em razão justamente da natureza pessoal dos serviços do profissional e da escolha que faz o consumidor entre os profissionais.

Podem ocorrer casos onde o profissional responderá de forma objetiva perante o consumidor, dependendo do tipo de responsabilidade ligada ao ato; se for uma obrigação de resultado, responderá objetivamente e se for de meio, subjetivamente. Este assunto será tratado com maiores detalhes no decorrer da dissertação.

1.2.5 Leis de saúde federais e estaduais

A Lei 8.080 de 1990, Sistema Único de Saúde, regulamenta as atividades do SUS para as ações de saúde pública no Brasil. Ela regula até a Rede Privada de atendimento à saúde. Fala sobre as garantias individuais, a instituição de regulamentos uniformizadores das ações de saúde e sua democratização.[35]

Os art. 2º e incisos e o art. 3º e parágrafo único tratam de assegurar as garantias de universalidade dos serviços sem discriminação.

---

[35] BRASIL. 1990. Presidência da República. Lei nº 8.080 de 19/09/1990. **Lei Orgânica da Saúde.**

O arts. 4º e 5º tratam da descentralização e participação da sociedade na gestão de recursos no intuito de democratizá-lo.

Em seu art. 6º cria o Sistema de Vigilância Epidemiológico e Sanitário e define termos relativos à saúde do trabalhador.

O art. 7º e incisos trata da universalidade e igualdade de acesso aos serviços de saúde, à integridade desta assistência e à preservação da autonomia das pessoas na defesa de sua integridade física e moral.

No art. 16, é dada a competência do SUS para elaborar normas de controle de condições e ambiente de trabalho, além de outras, sendo que além da União, os Estados, Distrito Federal e Municípios também receberam competência para elaboração de orientações técnicas de vigilância sanitária.

Devido a esta lei, regulamentando o serviço de saúde nacional, previsto nos art. 20 a 23 e incisos, as condições de funcionamento ficam condicionadas a alvarás expedidos após vistoria de fiscalização nos estabelecimentos.

Devido a estas atribuições foram criadas normas de biossegurança estaduais, tratando de várias atribuições, inclusive as estruturais para o funcionamento de estabelecimentos odontológicos públicos e privados, indo do art. 22 ao 32 e demais artigos, como citado no anexo D.[36]

O profissional odontólogo também tem a responsabilidade de notificar doenças ao Ministério da Saúde, conforme diz a Lei 8.080 de 19/09/90 que criou o SUS no Brasil.

O art 8º diz:

> É dever de todo cidadão comunicar à autoridade sanitária local a ocorrência de fato comprovado ou presumível de caso de doença transmissível, sendo obrigatória a médicos e outros profissionais da saúde, bem como aos responsáveis por organizações e estabelecimentos públicos e particulares de

---

[36] SÃO PAULO (Estado). Gabinete do Secretário de Saúde. **Resolução SS-15** de 18/01/1999.

saúde e de ensino, a notificação de casos suspeitos ou confirmados de doenças relacionadas.

A nível Estadual, foram criados os Códigos de Saúde, definindo as responsabilidades nos casos da necessidade de notificação, de normas de biossegurança dentre outras atribuições. O profissional pode ser responsabilizado civil e criminalmente em todo o território pátrio.

1.2.6 No Código Penal

A atividade do cirurgião-dentista requer o manuseio de instrumentos que podem causar lesões na cavidade bucal dos pacientes. Ao realizar cirurgias, por exemplo, atua lesionando os tecidos bucais, mas esta "agressão" não é punida pelo Código Penal, por tratar-se de uma finalidade terapêutica e haver o consentimento do paciente.

As leis penais compreendem normas que são mais ligadas à profissão da saúde e que proíbem o exercício ilegal da odontologia e práticas como o charlatanismo; tratam da omissão de socorro; abandono de doentes.

Além destas normas, de caráter mais geral, estão as que punem as lesões corporais leves, graves e gravíssimas.

Essas normas penais, embora originariamente não fossem criadas especificamente em relação aos cirurgiões-dentistas, muitas vezes poderão ser aplicadas aos mesmos em casos de erro odontológico ou em situações que a atuação do profissional, a medicação ministrada ou os procedimentos utilizados possam enquadrar-se em alguma das tipificações do Estatuto Penal.

É interessante assinalar que, no caso de condenação criminal, por homicídio culposo ou lesão corporal grave, por exemplo, a obrigação de indenizar a vítima ou seus herdeiros torna-se automática. A eventual discussão posterior, no Juízo Cível, será apenas quanto ao valor da indenização (*quantum debeatur*) e não se a mesma é ou não devida (*an debeatur*). Trata-se dos efeitos civis da sentença penal, como diz o art. 63 do CPP: "Transitada em julgado a sentença condenatória, poderão promover-lhe a execução, no juízo cível, para efeito da reparação do dano, o ofendido, seu representante legal ou seus herdeiros."

No caso de uma sentença penal absolutória, por faltas de provas sobre a autoria, fatos ou existência de dirimentes, a ação indenizatória pode analisar toda a matéria existente.

Apesar dos dentistas não estarem referidos diretamente nos artigos do Código Penal (CP), subentende-se que sendo um profissional, sua responsabilidade está implícita nestes artigos (arts. 18, 121, parágrafos 3º e 4º e 129, § 6º, nos casos de negligência, imperícia e imprudência).

Agindo o cirurgião-dentista com culpa e se o resultado desse procedimento for a incapacidade, debilidade, inutilização de membro, sentido ou função, morte, ou aborto, responderá penalmente pelo seu ato, sem detrimento da reparação do dano na área cível. Podemos citar como exemplo, a perda de um incisivo central permanente superior ou a parestesia do nervo facial.

Se ao aplicar uma anestesia ou tomar uma radiografia, o cirurgião-dentista provoca o aborto, ou causar danos ao feto, responderá pelo seu ato. A paciente capaz deve declarar por escrito não estar grávida.

O dentista deve ter acentuada habilidade manual para manipular instrumentos cortantes e instrumentos rotatórios que podem acidentalmente causar graves danos às estruturas teciduais da cavidade bucal.

Para exemplificarmos tipos de lesões, temos, por exemplo, a ocorrência de um corte acidental nos tecidos moles circunvizinhos, a realização de uma exodontia que cause fratura ou mesmo importante perda de tecido ósseo alveolar e a intrusão de raiz dentária para dentro do seio maxilar.

Em qualquer dos três exemplos, o cirurgião-dentista estará incurso na legislação penal. Os Institutos Médico-Legais definirão, depois de acurado exame do paciente - exame de corpo de delito - se houve nexo causal entre o dano físico registrado e o ato profissional, para poder caracterizar a culpa por imperícia, imprudência ou negligência.

Dentre os crimes que o cirurgião-dentista pode cometer no exercício da profissão estão: omissão de socorro, lesão corporal dolosa, culposa e homicídio.

O art. 135 do CP, diz: "Deixar de prestar assistência, quando possível fazê-lo sem risco pessoal à criança abandonada ou extraviada, ou à pessoa inválida ou ferida, ao desamparo ou em grave e iminente perigo: ou não pedir nesses casos, o socorro da autoridade pública."

Pode ocorrer omissão de socorro por parte do dentista em muitas situações, nas várias especialidades odontológicas. Algumas mais comuns são: deixar de atender paciente que se submeteu a uma cirurgia e apresenta hemorragia no pós-operatório; deixar de medicar paciente com grave infecção decorrente de tratamento cirúrgico, endodôntico etc; deixar de encaminhar paciente que apresentou reação anafilática após submeter-se a anestesia ao pronto-socorro ou utilizando-se de equipamento próprio do consultório para casos de choque anafilático.

Se o paciente recorre a outro profissional e é atendido, mesmo não tendo resultado lesivo decorrente da omissão de socorro, pode entrar com ação contra o profissional que foi omisso injustificadamente.

Com relação às lesões culposas, também podem surgir, nas várias especialidades como: nas cirurgias, ocorrendo acidentes com o instrumental que corta os tecidos gengivais ou músculos; lesões de nervos bucais como o alveolar inferior nas extrações do dente do siso ou terceiro molar; rejeições de implantes tendo como conseqüência, infecções severas; infecções decorrentes de tratamentos endodônticos mal realizados; próteses que causam trauma constante; ingestão de substâncias tóxicas no consultório; aspiração de limas endodônticas etc.

As lesões podem ser ocasionadas acidentalmente, chamadas culposas (art. 129, § 6º, CP) ou o profissional pode agir intencionalmente, querendo prejudicar o paciente, ocasionando as chamadas lesões dolosas (art. 129, caput).

O óbito é mais difícil de ocorrer devido a tratamentos odontológicos, podendo ser decorrente de uma lesão corporal (art. 129, § 3º-Lesão corporal seguida de morte) ou homicídio culposo (art. 121, CP). Pode ser resultado de choque anafilático por anestesia ou por complicações cardíacas ou hemorrágicas durante o tratamento, em pacientes que se apresentam com a saúde geral debilitada. Neste caso, será apurado se o profissional fez uma correta anamnese. Se agiu com prudência, não será responsabilizado. Caso contrário, estará incluso nos artigos do Código Penal.

A Lei nº 9.099, de 25 de setembro de 1995 criou os Juizados Especiais Criminais para estabelecer a conciliação, julgamento e a execução das infrações penais de menor potencial ofensivo, transferindo para a sua esfera de competência a conciliação, o julgamento e a execução dos casos de lesões corporais leves e lesões corporais culposas.

Essa possibilidade de conciliação atenua a pena do cirurgião-dentista que for denunciado por lesões corporais, pois, no intuito de solucionar os conflitos pela conciliação e a reparação dos danos sofridos pelo paciente, o profissional não sofrerá a pena privativa de liberdade se houver a conciliação.

Existindo o acordo e a reparação do dano, ocorre a renúncia ao direito de representação do paciente e o arquivamento do processo. Mesmo no caso de não haver uma conciliação, o Ministério Público pode propor a suspensão do processo, onde o juiz determinará as condições necessárias a serem preenchidas durante a suspensão.

1.3 O profissional da odontologia

A odontologia praticada no Brasil no início do século XVI era rudimentar, restringindo-se a extrações dentárias. Os barbeiros, sangradores e tira-dentes trabalhavam, ainda que sem licença sob a jurisdição do Cirurgião-Mor. A Carta Régia de 25 de outubro de 1448, promulgada por Dom Afonso, Rei de Portugal, estabelecia que ninguém poderia exercer as artes de física e cirurgia sem licença especial expedida pelo Cirurgião-Mor.[37]

A primeira legislação no Brasil foi o regulamento de 9 de maio de 1743. Foi com esta lei que Tiradentes foi autorizado a exercer seu ofício.

No início, a prática da odontologia era rejeitada pelos médicos, caindo nas mãos de barbeiros e sangradores, muitas vezes, oriundos das camadas baixas da sociedade ou mesmo escravos e negros alforriados.[38]

---

[37] ROSENTHAL, Elias. **A odontologia no Brasil. História**. São Paulo. Disponível em:<http://www.geocities.com/odontoufpr/historia.html>. Acesso em 15 de agosto de 2003, p. 01.
[38] LERMAN, Salvador. Historia de la odontologia y su ejercicio legal. *In*: OLIVEIRA, Marcelo L.L.**Responsabilidade Civil Odontológica**. Belo Horizonte:Del Rey, p. 30, 1999.

Em 22 de maio de 1832 foi expedido um decreto pelo Ministro Lino Coutinho, ordenando que se prendesse e processasse todos os barbeiros e sangradores que exerciam ilegalmente a odontologia.[39]

Em 29 de setembro de 1851 foi expedido um decreto no Brasil que disciplinava a odontologia como uma profissão sanitária e só poderia ser exercida com alvará de licença.

Em 25 de outubro de 1884, o Decreto n. 9.311 anexou aos cursos médicos no Brasil o curso de Odontologia. Durante o Império, o exercício ilegal era tido como contravenção, passando a ser crime no Código Penal da República, art. 156 do Código Penal, (Decreto n. 847, de 11 de outubro de 1890).[40]

A Lei n. 3.141 de 30 de outubro de 1882, art. 1º determinava:

> Cada uma das Faculdades de Medicina do Império se designará pelo nome da cidade em que tiver assento; seja regida por um diretor e pela Congregação dos Lentes, e as comporá de um curso de ciências médicas e cirúrgicas e de três cursos anexos: o de Farmácia, o de Obstetrícia e Ginecologia e o de Odontologia.

Em 15 de novembro de 1921, O Decreto Federal n. 15.003 permitiu o exercício da profissão de dentista àqueles que se mostrassem habilitados por título conferido pelas faculdades de Medicina oficiais ou equiparadas na forma da lei; graduados por escolas estrangeiras que se habilitassem perante as faculdades nacionais ou professores estrangeiros com permissão do Departamento Nacional de Saúde Pública.[41]

Para uma maior compreensão do texto, é necessária uma definição sobre a pessoa do profissional odontólogo. Este é um profissional liberal, assim entendido por Gabriel Saad[42] "[...] aquele que sob remuneração se obriga a prestar determinado serviço para o qual deve

---

[39] OLIVEIRA, Marcelo L.L. **Responsabilidade Civil Odontológica.** Belo Horizonte:Del Rey, p.34, 1999.
[40] *Ibidem*, p. 35.
[41] *Ibidem*, p.37.
[42] SAAD, Eduardo Gabriel. **Consolidação das Leis do Trabalho Comentada.** São Paulo. Ed. LTr. 29 ed., art. 507, p. 383, 1996.

deter certas condições técnicas e científicas para atender ao consumidor contratante, sem a subordinação própria das relações empregatícias."

O exercício profissional da Medicina, da Odontologia, da Medicina Veterinária, bem como das profissões de farmacêutico, parteira e enfermeira no Brasil foi regulamentado pelo Decreto 20.981 de 11 de janeiro de 1932, mas foi apenas em 1951, através da Lei nº 1.314/51, onde se individualizou o exercício da Odontologia aos portadores de diploma reconhecido pelo Ministério da Educação e Cultura.

A Lei nº 4.324, de 14 de abril de 1964, tratou da estruturação do Conselho Federal de Odontologia e os Conselhos Regionais de Odontologia atribuindo a cada um deles personalidade jurídica de direito público, como autarquias, gozando de autonomia administrativo-financeira.

As atribuições dos conselhos, nos termos do art. 2º da lei supra mencionada, têm função de supervisão sobre o comportamento ético dos profissionais, cabendo-lhes o papel de julgadores e disciplinadores da classe odontológica, zelando e trabalhando, por todos os meios ao seu alcance, pelo perfeito desempenho ético da Odontologia, pelo prestígio e bom conceito da profissão e dos que a exerçam legalmente.

A Lei nº 5.081, de 24.08.66 rege a Regulamentação da profissão de cirurgião-dentista no Brasil com normas específicas. Atos que forem contra as normas regulamentadoras acarretam sanções que serão aplicadas pelo órgão de classe, após processo administrativo, de acordo com a gravidade da infração. As penas aplicáveis vão desde a censura até à cassação do direito de exercer a profissão.

Por essa lei, a odontologia é autônoma, não sendo considerada como parte da medicina, mas a sua responsabilidade está no mesmo plano, como nos mostra o art. 951 do CC, citado anteriormente. Ela delimita a competência do cirurgião-dentista em seu art. 6º, o qual se encontra na íntegra no anexo "b" ao final do trabalho. Este artigo exemplifica o campo de atuação do profissional, apesar de não limitá-lo.

Somente em seu inciso IX, diz: "[...] utilizar no exercício da função de perito-odontólogo, em casos de necropsia, as vias de acesso do pescoço e da cabeça", cita uma proibição.

As normas jurídicas são expressas através de leis. É na lei que devemos buscar as regras de conduta tornadas obrigatória pela força do Direito e iremos identificá-las nas diversas legislações, além da Constituição, já citada anteriormente.

2 RESPONSABILIDADE CIVIL

O cirurgião-dentista deve estar consciente da importância de compreender sua relação com o Direito e o que seja uma perícia e como deve precaver-se com a necessária documentação.

Por isso mesmo, tem aumentado os cursos de orientação aos profissionais, oferecidos pelos órgãos da classe, ou seja, pela Associação dos Cirurgiões Dentistas de São Paulo, através de suas sucursais.

O art. 186 do CC diz: "Aquele que, por ação ou omissão voluntária, negligência ou imprudência, violar direito e causar dano a outrem, ainda que exclusivamente moral, comete ato ilícito". Este artigo trata da obrigação de indenizar por parte de quem, por ação ou omissão voluntária, ou por negligência, imprudência ou imperícia tenha causado dano a outrem.

Para ser caracterizada a culpa deve existir um nexo causal, tendo vigência o princípio da causalidade adequada, isto é, a que considera como causa do dano apenas o ato capaz de por si só produzi-lo; aquela que independente das demais teria sido suficiente para produzi-lo. Diferentemente da teoria da equivalência das condições, onde toda e qualquer circunstância que haja concorrido para o resultado seria causa.

Todos respondem pela conduta que levaria, pelo desenrolar esperado dos fatos, àquele resultado danoso[43], incumbindo ao autor o encargo de demonstrá-lo; também sobre o lesado recai o ônus de provar objetivamente que não lhe foram prestados os cuidados necessários, sobrevindo o dano. Esse entendimento não é pacífico.

---

[43] BIERWAGEN ,Mônica Yoshiza. **Breves comentários sobre o nexo causal nos eventos de causalidade múltipla** . São Paulo, 2002. Disponível em: <http:// www.editoraforense.com.br> Acesso em 10 out 2002, p. 01.

O profissional sabe que parte de seus tratamentos está destinada ao insucesso, principalmente em casos tão extremos como o endodôntico, quando a estrutura dental já se encontra muito comprometida, ou no caso de cirurgias de traumatismo mandibular e maxilar. Pode ainda, ocorrer o erro odontológico.

Noções elementares de direito ajudam o profissional na compreensão do que seja o erro odontológico e suas conseqüências jurídicas, civis e penais. Como erro odontológico, considera-se o fato que cause um dano físico ou psíquico a um paciente, resultado de uma atitude culpável do cirurgião-dentista.

Além da culpa, que é um agir sem intenção de lesar, pode acontecer uma atitude dolosa, ou seja, com a vontade deliberada e consciente do profissional de violar a norma jurídica. Esse agir culpável caracterizará a obrigação de indenizar.

Existem os Conselhos Regionais de Odontologia, que são órgãos instituídos pela Lei 4.324 de 14 de abril de 1964, responsáveis pelo julgamento e punição dos cirurgiões-dentistas com relação à prática profissional. Têm eles, entretanto, competência administrativa e disciplinar, não podendo obrigar o dentista a indenizar a vítima de seu erro. A deliberação administrativa, porém, é interessante prova a ser utilizada nos processos judiciais.

2.1 Conceito

Ser responsável significa responder pelos seus atos. Responsabilidade está ligada à idéia de obrigação, mas é termo complementar de uma noção mais profunda de dever. Resulta dos atos do homem frente esse dever.

Na responsabilidade civil do cirurgião-dentista, a causa originária é restabelecer o equilíbrio jurídico desfeito pela lesão ou dano, recompondo o estado anterior ou entregando reparação financeira à vítima.[44]

No Brasil, a responsabilidade civil estabelece que aquele que causar dano a outrem deve ressarci-lo. A responsabilidade civil do dentista se origina desta norma. O paciente, sofrendo prejuízos, pode ser indenizado, seja o prejuízo de ordem material ou não.

Falaremos sobre alguns conceitos necessários para que seja entendida essa situação jurídica entre o profissional e o paciente. Conceitos como: os de responsabilidade subjetiva e responsabilidade objetiva; de relação contratual e extracontratual; obrigação de meios e obrigação de resultado.

O homem para viver em sociedade precisa de um conjunto de regras. O Direito existe para que se torne possível esse conviver.. Este conjunto de regras deve ser observado por toda a sociedade, sendo condição essencial para sua existência.

O Poder Público organiza um território politicamente, estabelecendo um conjunto de normas para o convívio da sociedade. A ordem é estabelecida pela obrigatoriedade do cumprimento das normas pelo povo de um território.

Estas normas devem ser obedecidas pela sociedade, tendo-se consciência de que o seu descumprimento acarretará sanções, mas, nem sempre, o infrator da regra de conduta obrigatória, espontaneamente, aceita e cumpre as sanções que lhe são impostas pela violação de tal regra.

Existem os mecanismos próprios para que as punições sejam aplicadas. Cabem aos juízes dizer o direito, incluir o infrator no artigo correspondente devendo determinar: se a conduta atribuída ao suposto infrator é lícita ou ilícita; se existem provas de que o suposto

---

[44] CALVIELLI, Ida T.P. O Código de Defesa do Consumidor e o Cirurgião- Dentista como prestador de Serviços. *In*: SILVA, M. **Compêndio de Odontologia Legal**. São Paulo. Medsi, p. 389,1997.

infrator, efetivamente, praticou a conduta contrária às regras e dentre as punições previstas no Direito, qual a mais adequada.

Portanto, quando os infratores não aceitam espontaneamente realizar as condutas previstas nas regras obrigatórias, ou ainda, não aceitam cumprir as penalidades resultantes da violação das regras, os juízes, através de um processo legal regular, apuram os fatos, e sobre eles, aplicam a regra legal cabível ao caso concreto, com a devida punição.

Cabe aos órgãos do poder judiciário (juízes ou tribunais), diante de um erro odontológico, indagar e responder se o fato se constitui num erro odontológico, se existem provas, a extensão do dano e qual o valor da indenização.

2.2 Responsabilidade subjetiva e objetiva

Silvio Rodrigues comenta a respeito das diferenças entre os dois tipos de responsabilidade: "Em rigor não se pode afirmar serem de espécies diversas de responsabilidade, mas sim maneiras diferentes de encarar a obrigação de reparar o dano."[45]

Para entender a diferença entre os tipos de responsabilidade é preciso a verificação da existência ou não da culpa e também do tipo de obrigação existente: obrigação de resultado ou obrigação de meio, que será tratado adiante.

A responsabilidade subjetiva caracteriza-se por um agir culposo. A culpa odontológica é um desvio de uma determinada regra em virtude do qual se observa um prejuízo. É aquela em que além do ato lesivo do agente causador do dano e do nexo causal estarem presentes, existe também a culpa do agente causador do dano. Caracteriza-se pela presença no agir deste de dolo ou pela presença só de culpa no sentido estrito, ou seja, de imprudência, negligência ou imperícia.

---

[45] RODRIGUES, Silvio. Direito Civil. V.4. **Responsabilidade civil.** 18. ed. São Paulo: Saraiva, p.11, 2001.

O Código de Ética Odontológico fala sobre a necessidade de se estar habilitado no art. 38, V, e o indivíduo que atuar como cirurgião-dentista sem cumpri-lo, poderá responder por imprudência ou imperícia.

Muitas vezes o paciente que procura o tratamento estético ou reparador já se encontra fragilizado psicologicamente, esperando resgatar toda a frustração que o tempo lhe trouxe, devido a uma má aparência ou, por exemplo, uma má estética dental ou oclusal.

Dessa forma, nesse caso, a obrigação do profissional assume o caráter dúplice de meio e de resultado. De meio, porque para sua boa execução é necessária a conduta diligente do cirurgião-dentista, encaminhada a satisfazer a expectativa final do paciente. De resultado, considerando-se que o devedor, no caso o dentista, se compromete a realizar, em favor do credor, que é o paciente, uma determinada prestação destinada a obter um resultado concreto, que é o seu embelezamento estético dental.

Hoje em dia procura-se preservar o elemento dental ao máximo, só se extraindo em último caso, se não houver mais recursos ou se o paciente não tem condições de fazer um tratamento mais caro ou ir a um especialista.

Quando ocorre de um dente anterior ser afetado de tal modo que necessite de tratamento endodôntico e o profissional tenta salvar o dente, mas erroneamente vem a perfurá-lo, comprometendo o sucesso do tratamento, causando possíveis dores e uma futura perda do elemento dental, a responsabilidade do dentista passa ser de meio e resultado.

O sorriso é o cartão de visita da pessoa, especialmente quando da procura de emprego e no relacionamento e na aceitação no meio social. Exige-se que se tenha uma estética perfeita, o que é ressaltado pelo grande aumento dos tratamentos ortodônticos. São pessoas de todas as idades e não somente crianças e adolescentes de vários campos profissionais, buscando a estética ou preservação dos elementos dentários.

Atualmente o dentista não é procurado apenas para aliviar a dor. Além da busca da harmonia com o tratamento ortodôntico, busca-se com o clareamento, facetas de porcelana, restaurações estéticas etc, devolver o aspecto saudável que a dentição apresentava antes do comprometimento dental . Em todas as situações, porém, há a obrigação contratual e apesar de ter que furar ou gastar o dente para um tratamento endodôntico, por exemplo, após a intervenção, o dentista deve proceder à restauração estética da lesão. Diante dessa realidade, a obrigação do dentista reveste-se de uma obrigação de meio e de resultado.

Alguns autores entendem que quando a obrigação do dentista caracteriza-se em ter que conseguir um resultado, trata-se da responsabilidade objetiva. A responsabilidade objetiva é aquela em que estando presentes o ato, o dano e o nexo de causalidade, não há que se falar em culpa. Ela baseia-se na teoria do risco. Quando o profissional coloca o paciente em uma situação de risco e vem a lhe causar um dano, está obrigada a reparação.

O art. 927, parágrafo único, dá uma perspectiva da responsabilidade objetiva, que diz: "Haverá obrigação de reparar o dano, independentemente de culpa, nos casos especificados em lei, ou quando a atividade normalmente desenvolvida pelo autor do dano implicar, por sua natureza, risco para os direitos de outrem."

A responsabilidade civil objetiva era empregada no Direito Romano, sendo deficiente o conceito de culpa. Alguns autores entendem que a Lei Aquília previa certa subjetividade, precursora da teoria da responsabilidade com culpa.[46]

Acreditamos que mesmo nestes casos, deve ser feita uma análise do caso concreto, pois apesar do dentista, por exemplo, no caso de um tratamento endodôntico de um incisivo anterior superior, ter a responsabilidade de salvar um dente tão importante fonética e esteticamente, vários fatores biológicos como: doenças e infecções pré-existentes, paciente que não colabora tomando o medicamento nos horários certos e muitos outros fatores, podem levar ao insucesso do tratamento.

---

[46] DIAS, José de Aguiar. **Da responsabilidade civil**. 6. ed. Rio de Janeiro: Forense, 2v.,1979.

Segundo Ida T.P.Calvielli,[47] a natureza da obrigação contratual dos serviços odontológicos tem sido entendida como obrigação de resultado, e de conformidade com o CDC não caberia aos dentistas o aspecto de verificação de culpa, já que a responsabilidade seria objetiva. Entretanto, esse posicionamento não encontra unanimidade, já que a doutrina do CDC é incompatível com o sistema de responsabilidade subjetiva, com culpa, que é a regra geral do Código Civil em seu art. 186 e, especialmente, o art. 951.[48]

Thomasius e Heinnecius foram precursores na idéia de que o causador de um dano deve ser responsabilizado, mesmo sem ter agido com culpa.[49] Caio Mário considera o dano como uma realidade objetiva e não se deve recorrer à vontade para se definir a responsabilidade civil.[50]

Maria Helena Diniz entende que a responsabilidade objetiva funda-se no princípio da eqüidade, que vem desde o Direito Romano, ou seja: aquele que lucra com uma situação deve responder pelo risco ou desvantagens causadas.[51]

Marcelo Oliveira [52] diz que: "[...] ao contrário do que afirmam muitos autores, nem sempre a obrigação do cirurgião-dentista é de resultado", citando a cirurgia e traumatologia buco-maxilo-facial como exemplo de obrigação de meio, quando então se aplica a teoria da responsabilidade subjetiva. Sugere ainda a reforma do § 4º do Art. 14, do Código de Defesa do Consumidor para: "[....] salvo quando este houver se obrigado a atingir determinado resultado e esta promessa for o móvel principal da escolha do profissional pelo consumidor", como meio de dirimir dúvidas que suscitam.

---

[47] CALVIELLI, I.T.P. **O Exercício Ilegal da Odontologia no Brasil**. 1993. Tese (Mestrado em Direito) – Faculdade de Direito, Universidade de São Paulo, São Paulo.
[48] NERY JR., Nelson. **Os princípios gerais do Código de Defesa do Consumidor. Direito do Consumidor**. Ed. RT.,3v, 44-77, 1992.
[49] OLIVEIRA, Marcelo L.L. **Responsabilidade Civil Odontológica**. Belo Horizonte: Del Rey, p. 55, 1999.
[50] PEREIRA, Caio Mário da Silva. **Instituições de direito civil**. Ed. Forense. Rio de Janeiro, p. 16, 1996.
[51] DINIZ, Maria Helena. **Curso de direito civil brasileiro**. 9 ed. São Paulo: Saraiva, v. III, p. 42, 1994.
[52] OLIVEIRA, Marcelo L.L. **Responsabilidade Civil Odontológica**: Belo Horizonte: Del Rey, p. 83,2000.

2.3 Responsabilidade contratual e extracontratual

A relação contratual baseia-se na autonomia da vontade das pessoas envolvidas. É uma convenção entre as partes, tornando-se lei entre elas o que for acordado.

A responsabilidade civil contratual origina-se do descumprimento de um contrato, escrito ou verbal. Os efeitos da responsabilidade contratual estão previstos no art. 389, CC: "Não cumprida a obrigação, responde o devedor por perdas e danos, mais juros e atualização monetária segundo índices oficiais regularmente estabelecidos, e honorários de advogado."

A responsabilidade extracontratual ou aquiliana é aquela que se estabelece por força da lei e independe da vontade das partes. Decorrente de um ato ilícito. Os arts. 186 e 927 do CC, já citados, falam desta responsabilização. Na responsabilidade extracontratual é o paciente que tem de provar a culpa do profissional.

O contrato é o ato resultante do acordo de vontades entre duas ou mais pessoas, a respeito de um certo e determinado assunto. Pode ser um acordo em que uma das pessoas dá uma coisa e em contrapartida recebe outra (obrigação de dar); pode também ser um acordo em que uma das pessoas se obriga a fazer alguma coisa em benefício de outra (obrigação de fazer), ou, finalmente, pode ser um acordo pelo qual alguém se obriga a não fazer alguma coisa em benefício de outrem (obrigação de não fazer).

Ainda, em se tratando dos agentes devem ser os mesmos capazes, isto é, devem estar no pleno gozo de suas faculdades físicas e mentais de modo a poderem manifestar, validamente, sua vontade a propósito do acordo que o contrato encerra.

Daí a importância quando, do tratamento odontológico de crianças ou adolescentes menores de 18 anos, estarem acompanhados dos pais ou terem autorizado por escrito que o profissional atue. O dentista também deve estar atento a este detalhe antes de começar o tratamento. Deve também ser assinada a folha de anamnese do paciente, por uma pessoa responsável, maior de 18 anos. Quanto ao objeto deve o mesmo ser lícito, permitido ou não proibido pelo Direito.

Quando as cláusulas são pré-estabelecidas, o contrato é de adesão. Na maioria das vezes os contratos estabelecem direitos e obrigações recíprocos. Na compra e venda, o comprador tem a obrigação de pagar o preço e o direito à coisa objeto do contrato; o vendedor tem a obrigação de entregar a coisa ao comprador e o direito de receber o valor correspondente ao preço ajustado.

A cláusula de não indenizar nos contratos odontológicos é muito discutida. Muitos entendem que se trata de cláusula nula, porque contraria ao interesse social. O art. 51, I do Código de Defesa do Consumidor, diz:

> São nulas de pleno direito, entre outras, as cláusulas contratuais relativas ao fornecimento de produtos e serviços que: I – impossibilitem, exonerem ou atenuem a responsabilidade do fornecedor por vícios de qualquer natureza dos produtos e serviços ou impliquem renúncia ou disposição de direitos. Nas relações de consumo entre o fornecedor e o consumidor – pessoa jurídica, a indenização poderá ser limitada, em situações justificáveis.

Este mesmo artigo admite a limitação da responsabilidade indenizatória, como citado, quando for justificável e no caso do consumidor for pessoa jurídica. Com relação à pessoa natural, não se admite qualquer cláusula que restrinja ou exonere do dever de indenizar.

Nos contratos profissionais, na maioria das vezes, estamos diante de uma obrigação de fazer ou de prestar um serviço, no qual o contratado tem o dever de usar todo o seu conhecimento e toda sua habilidade para executar o trabalho pretendido pelo contratante.

Os contratos para execução de trabalhos profissionais podem ser: contratos nos quais a obrigação seja obrigação de resultado, como a realização de restaurações considerando-se cumprido se o fim almejado pelo contratante foi atingido, como quando, o contratado se compromete a utilizar-se de todos os meios a seu alcance, para realizar os objetivos nele previstos, ou de obrigação de meios, como é o caso típico do contrato de tratamento endodôntico pelo qual, embora o dentista não possa garantir totalmente a recuperação do dente lesionado do paciente, assume a obrigação de colocar no serviço a melhor técnica, ou encaminhá-lo para um especialista de maior experiência, conforme o caso concreto.

Ao encaminhar seus pacientes para um outro especialista, entendemos que se o profissional agiu de acordo com a técnica e, se fez todo possível, comprovado através de documentação, vindo o elemento dental a se perder, no caso de um tratamento endodôntico, o profissional se exime da responsabilidade, nos casos onde o elemento dental já tem sua estrutura bastante comprometida, com a presença de cistos e infecção de longa data.

De acordo com Venosa, a responsabilidade do dentista geralmente é contratual por sua própria natureza[53]. Ainda que no contrato de prestação de serviços, seja ele escrito ou verbal, os dentistas se comprometem a uma prestação de serviços mais ampla, incluindo um resultado positivo, existem muitos fatores que interferem para o sucesso do tratamento odontológico. Fatores externos como, por exemplo, a assepsia do local onde está se fazendo o tratamento, como um consultório ou sala de cirurgia; os medicamentos ou mesmo a reação do paciente.

Os contratos de meio são os mais freqüentes. De meio são os trabalhos de restaurações, profilaxia dental, e outros tratamentos do dia a dia do consultório odontológico.

É por isso que, na grande maioria dos casos, pelo contrato o cirurgião-dentista não se obriga a restituir a saúde oral do paciente, até porque a própria odontologia não é uma ciência exata, mas obriga-se, a desenvolver suas atividades profissionais, conduzindo-se com aqueles atributos requeridos de todo profissional responsável, quais sejam: atenção, cuidado e diligência na aplicação dos conhecimentos de sua arte, para atingir o objetivo de restaurar ou restituir a saúde oral do paciente, no limite do que for possível.

---

[53] VENOSA, Silvio de Salvo. **Direito civil: responsabilidade civil.** 3 ed. São Paulo: Atlas, p. 107, 2003.

Nos contratos profissionais, na maioria das vezes, estamos diante de uma obrigação de fazer, ou de prestar um serviço, no qual o contratado tem o dever de usar todo o seu conhecimento e toda sua habilidade para executar o trabalho pretendido pelo contratante.

Também existe diferença quando o serviço é prestado por uma pessoa física ou jurídica. Quando for prestado por uma clínica, por exemplo, a relação que se estabelece é contratual. Elas respondem de acordo com o que estiver escrito no contrato, não sendo necessário se provar culpa, mas somente o inadimplemento. Isto porque, neste caso, tem aplicação o CDC.

Neste caso, não foram as condições pessoais do profissional como conhecimento, habilidade e prestígio que levaram o paciente à contratação, respondendo a clínica independente da culpa. Agora, quando o dentista divide os lucros e despesas na clínica, sem perder o caráter pessoal, responderá apenas o dentista que realizou o tratamento.

Isto não ocorre com a responsabilidade extracontratual, que é derivada das normas da vida em sociedade e não de um contrato, como a maioria das relações entre os dentistas.

2.4 Obrigações de meio e de resultado

Obrigações de meio são aquelas onde o profissional tem uma responsabilidade subjetiva, não se comprometendo a conseguir um resultado. Tem o dever de empregar o contratado toda sua diligência e ser prudente, utilizando-se das técnicas adotadas na profissão. No caso de dano, só responderá se o paciente provar a sua culpa. Neste caso, o profissional age sem garantir o resultado.

Para Maria Helena Diniz, obrigação de meio é aquela em que o devedor se obriga a usar da prudência e diligência normais na prestação de certo serviço para atingir um resultado, sem se vincular em obtê-lo.[54]

As obrigações de resultado ocorrem quando o profissional tem uma responsabilidade objetiva, comprometendo-se em atingir o resultado desejado. No caso de não alcançar o resultado, mesmo tendo atuado com competência, terá de indenizar, pois a obrigação de resultado gera uma responsabilidade objetiva, presumindo-se a sua culpa se não atingir o fim desejado.

Compromete-se o contratado a atingir um objetivo delimitado, um resultado certo, para satisfazer o que se obrigou com o contratante.

Demogue[55] foi o primeiro a fazer esta classificação entre de meios e resultado. Ele entendia que a obrigação de meio nada mais exige do devedor a não ser a utilização dos meios conhecidos para determinado fim e as de resultado, as que a pessoa se obriga ao resultado final desejado. Fora dos contratos somente existiriam obrigações de meio.

O dentista atua objetivando solucionar um sofrimento físico (obrigação de meio), bem como reparar esteticamente a dentição do paciente (obrigação de resultado). Entendemos que por depender de uma resposta biológica, os serviços odontológicos devem ser considerados, a princípio, como obrigações de meio, embora alguns autores entendam a responsabilidade do dentista seja mais uma obrigação de resultado, mesmo entendendo que nem sempre será de resultado.[56]

São necessários estudos para se verificar a real probabilidade de um tratamento chegar a 100% de sucesso nos casos concretos. Muitas vezes torna-se difícil saber se uma obrigação

---

[54] DINIZ, Maria Helena. **Curso de direito civil brasileiro**. 9. ed. São Paulo: Saraiva, v. II, p. 157-158, 1994.
[55] DEMOGUE, René. *Traité dês obligations em general* apud KFOURI NETO, Miguel. **Culpa Médica e ônus da prova.** São Paulo : Editora Revista dos Tribunais, p. 227, 2002.
[56] VENOSA, Silvio de Salvo. **Direito civil: responsabilidade civil**. 3 ed. São Paulo: Atlas, p. 107, 2003

é de meio ou de resultado. Pode ser que um tratamento que hoje é considerado de meio, devido a avanços tecnológicos seja de resultado no futuro.

Deve-se levar em conta a forma de contratação e a possibilidade física de se atingir o resultado desejado. Se o contratado se obriga a atingir um resultado e esse foi o motivo determinante para a realização do contrato, a obrigação é de resultado.[57]

Ida Calvielli diz que estas promessas ocorrem atualmente desde formas rudimentares, como as mais sofisticadas, garantindo os serviços mesmo por escrito.[58]

Não poderá o dentista aproveitar-se da forma de contratação para retirar sua responsabilidade, mesmo que tenha um termo assinado pelo paciente.

Nelson Nery Jr.[59], com relação à responsabilidade do profissional liberal, afirma:

> Deve ser feita a distinção, ainda, entre as obrigações de meio e as de resultado, para que se caracterize perfeitamente a responsabilidade do profissional liberal. Quando a obrigação do profissional liberal, ainda que escolhido *intuitu personae* pelo consumidor, for de resultado, sua responsabilidade pelo acidente de consumo ou vício de serviço é objetiva. Ao revés, quando se tratar de obrigação de meio, aplica-se o § 4º do art. 14 do CDC em sua inteireza, devendo ser examinada a responsabilidade do profissional sob a teoria da culpa. De todo modo, nas ações de indenização movidas em face do profissional liberal, quer se trate de obrigação de meio ou de resultado (objetiva ou subjetiva), é possível haver a inversão de ônus da prova em favor do consumidor, conforme autoriza o art. 6º, VII, do Código.

Para saber se a obrigação é de meio ou de resultado, afirma Marcelo Leal de Lima Oliveira[60], "[...] é preciso observar duas coisas: a forma de contratação e a possibilidade física de se atingir o resultado útil da obrigação contratada."

Oliveira, dividiu as obrigações de meio e resultado do dentista consoante sua especialidade. Cabe ressaltar que cada caso merece uma atenção, podendo, no caso concreto, sofrer modificações, especialmente se o profissional se compromete com o resultado.

---

[57] OLIVEIRA, Marcelo L.L. **Responsabilidade Civil Odontológica**. Belo Horizonte: Del Rey, p. 73, 2000.
[58] CALVIELLI, Ida T.P. Responsabilidade profissional do cirurgião-dentista. In: SILVA, Miguel. **Compêndio de odontologia legal**. São Paulo: Medsi, 1997.
[59] NERY JÚNIOR. Os princípios gerais do código brasileiro de defesa do consumidor. São Paulo, v.3, p. 44-77, 1992.
[60] OLIVEIRA, Marcelo L.L. **Responsabilidade Civil Odontológica**. Belo Horizonte: Del Rey, p. 73, 2000.

ESPECIALIDADE	NATUREZA OBRIGACIONAL
Dentística restauradora	Resultado
Ortodontia	Resultado
Patologia bucal	Resultado
Prótese dentária	Resultado
Odontologia em saúde coletiva	Resultado
Radiologia	Resultado
Endodontia	Resultado
Cirurgia a Traumatologia Buco-Maxilo-Facial	Meio
Odontologia Legal	Resultado e meio
Odontopediatria	Resultado e meio
Periodontia	Resultado e meio
Prótese Buco Maxilo Facial	Resultado e meio
Estomatologia	Resultado e meio
Implantodontia	Resultado e meio

Kfouri Neto[61] entende também como de obrigação de meio as seguintes especialidades: endodontia, periodontia, odontopediatria, a traumatologia buco-maxilo-facial, entre outras dependendo do caso concreto. Acreditamos que a endodontia deva ser classificada como obrigação de meio, como salienta este autor.

---

[61] KFOURI NETO, Miguel. **Responsabilidade civil do médico**. 3 ed. São Paulo: Revista dos Tribunais, p.211, 1998.

A obrigação pode ainda ser de resultado quando o profissional faz uma promessa, garantindo que o tratamento ficará de determinada forma, como o antes e o depois mostrado em programas de computadores.

2.5 A responsabilidade civil do dentista

Pelo visto, anteriormente, a responsabilidade do cirurgião-dentista é subjetiva, contratual e em grande parte de meio. SilvioVenosa também concorda com a predominância da responsabilidade contratual, mas entende mais acentuadamente como uma obrigação de resultado, podendo ser de meios.[62]

É subjetiva porque, o dentista, para ser responsabilizado no caso de um erro odontológico, depende da comprovação de ter agido com culpa no exercício de sua profissão.

No Código Civil o art. 951, diz:

> O disposto nos arts. 948, 949 e 950 aplicam-se ainda no caso de indenização devida por aquele que, no exercício de atividade profissional, por negligência, imprudência ou imperícia, causar a morte do paciente, agravar-lhe o mal, causar-lhe lesão, ou inabilitá-lo para o trabalho.

Nestes artigos, o Código estabelece claramente a chamada responsabilidade subjetiva em que há necessidade da caracterização da culpa (negligência, imprudência e imperícia), para que seja imputada uma indenização ao autor do dano.

É contratual porque, por ocasião do orçamento que o profissional dá ao paciente, ambos estabelecem uma relação contratual, resultante do acordo de vontades, a respeito de um serviço que será prestado pelo profissional.

O paciente participa pagando pelos serviços e recebe um tratamento em troca. Isto caracteriza uma relação contratual, desde que o objeto seja lícito e os agentes sejam capazes e não seja prescrito em lei.

---

[62] VENOSA, Silvio de Salvo. **Direito civil: responsabilidade civil.** 3 ed. São Paulo: Atlas, p. 107, 2003

Quanto à obrigação pode ser de meio, de resultado ou de meio e resultado conforme a especialidade, o que será mais bem explicado a seguir. Segundo a teoria subjetiva adotada pelo nosso Código Civil, nos arts. 186 e 951, incumbe à vítima provar o dolo ou culpa do agente, para futura reparação pelo dano sofrido.

Muitas vezes a prova é difícil. Em algumas hipóteses admite a responsabilidade objetiva ou responsabilidade sem culpa.

Não se pode identificar espécies diferentes de responsabilidade nestes conceitos,[63] mas diferentes formas de ver a obrigação de reparar o dano. A responsabilidade inspirada na idéia de culpa é subjetiva e quando inspirada na idéia de risco é objetiva.

Considerando-se a natureza da obrigação contratual dos serviços do cirurgião-dentista, tendo sido entendida como de resultado, poder-se-ia interpretar que no caso de uma reclamação contra o serviço prestado, a verificação da culpa não seria necessária.

Como salienta Nery,[64] "[...] deve ser feita a distinção, ainda, entre obrigações de meio e as de resultado, para que se caracterize perfeitamente a responsabilidade do profissional liberal. [...] A fórmula para resolver a questão está na realização de um exame prévio com o objetivo de apurar se a obrigação que o profissional assumiu é de meio ou de resultado.

Os que vêem a culpa como elemento fundamental da responsabilidade civil dizem que a culpa possui um fundamento moral e por isso não se pode conceber a responsabilidade senão por ela. O ser humano é responsável por reparar um ato culposo seu e aos danos a que deu causa.

Muitos têm se oposto à idéia de culpa como fundamento da responsabilidade civil, buscando-se objetivar este conceito. O ser humano é um ser biológico e não exato, existindo muitos fatores que levam ao sucesso ou insucesso do tratamento. É preciso ver

---

[63] RODRIGUES, Silvio. **Direito Civil**. Vol II. Ed. Saraiva, São Paulo, 2001
[64] NERY JÚNIOR. Os princípios gerais do código brasileiro de defesa do consumidor. São Paulo, v.3, p. 44-77,1992.

estatisticamente quais as chances de um tratamento ter sucesso ou não e como a cooperação do paciente ou não, pode influenciar neste resultado.

Existem limites para a atuação do dentista, podendo realizar no consultório ou ambulatório cirurgias que necessitem apenas anestesia local e dentro das especialidades odontológicas, que de acordo com o art. 39 da Resolução nº 185/93, são: cirurgia e traumatologia buco-maxilo-facial, dentística restauradora, endodontia, odontologia legal, odontologia da saúde coletiva, odontopediatria, ortodontia, patologia bucal, periodontia, prótese buco-maxilo-facial, prótese dentária, radiologia, implantodontia e estomatologia.

O profissional também é responsável quando empregador, conforme disposto no art. 932, CC, pelos atos de seus empregados e prepostos, no exercício do trabalho que lhes competir. A Súmula 341 do Supremo Tribunal Federal (STF) também diz: "É presumida a culpa do patrão ou comitente pelo ato culposo do empregado ou preposto".

Esta Súmula confirma a responsabilidade do dentista por atos de terceiros que trabalhem diretamente sob a sua responsabilidade. Pode ser isento de culpa se provar que não agiu com culpa *"in iligendo"*, por ter escolhido seu representante de modo seguro e não deixando de fiscalizar os seus atos (culpa *in vigilando*). Se a responsabilidade for objetiva, haverá a responsabilização.

Sendo o dentista o responsável final, quando houver responsabilidade dos profissionais auxiliares como os técnicos em prótese, os técnicos em higiene bucal, as atendentes de consultório odontológico e da auxiliar de prótese dental, poderão responder solidariamente. Poderão ter o direito de regresso contra esses auxiliares. [65]

3 ESPÉCIES DE CULPA

[65] VENOSA, Silvio de Salvo. **Direito civil: responsabilidade civil**. 3 ed. São Paulo: Atlas, p. 108, 2003.

Neste capítulo abordaremos as espécies de culpa e sua relação com a responsabilidade civil, nos casos de erros odontológicos. A culpa pode ser conceituada como a inobservância de um dever que o agente devia conhecer e observar.

Dias [66], conceitua a culpa como:

> A culpa é falta de diligência na observância da norma de conduta, isto é, o desprezo, por parte do agente, do esforço necessário para observá-la, com resultado não objetivado, mas previsível, desde que o agente se detivesse na consideração das conseqüências eventuais de sua atitude.

A culpabilidade no campo cível é dividida em dolo e culpa. Existe uma grande diferença entre ambos, pois no dolo a ação visa um resultado intencionalmente, enquanto que na culpa, a ação se dá por negligência, imperícia ou imprudência. O Direito Civil brasileiro elegeu a culpa como centro da responsabilidade subjetiva que orienta a responsabilidade civil, em seu art. 186 (CC).

A culpa é dividida em três graus na doutrina tradicional: grave, leve e levíssima. A grave se manifesta de forma grosseira, aproximando-se do dolo. Nela se inclui a culpa consciente, onde o agente assume o risco de que o evento podia acontecer. A culpa leve é caracterizada pela infração a um dever de conduta relativa ao homem médio, em situações onde não transgrediria o dever de conduta. A culpa levíssima é constatada pela falta de atenção ocasional, onde somente alguém com conhecimento especial poderia ter. É o valor do prejuízo que estabelece o dano e não o grau da culpa.[67]

3.1 Responsabilidade civil com culpa

---

[66] DIAS, José de Aguiar. **Da responsabilidade civil**. 6. ed. Rio de Janeiro. Ed. Forense. 1v, p. 136, 1979.
[67] VENOSA, Sílvio de Salvo. **Direito civil: responsabilidade civil**. 3. ed. São Paulo: Atlas, p. 25, 2003.

A culpa consiste no desvio de um modelo ideal de conduta, representado, às vezes pela boa fé, outras pela diligência do bom pai de família (*pater familias*). O Código de Napoleão estabeleceu os primórdios da culpa como fonte do dever de indenizar e dizia em seu art. 1.382: "Todo o fato humano que produz o dano de outrem obriga aquele por cuja culpa isso ocorreu a repará-lo." O art. 1.383 dizia: " Cada um responde pelo dano devido, não só ao seu ato, mas ainda à sua negligência ou imprudência."[68]

O indivíduo, em sociedade, deve estar atento à realidade do convívio social, evitando as práticas que possam, de quaisquer modo, causar danos a outrem.

O conceito de culpa não é apenas a abstenção de se fazer algo proibido. Entretanto, também, quando o indivíduo em sociedade se vê compelido a agir, a desempenhar alguma atividade, haverá de fazê-lo considerando as regras ou técnicas a ela inerentes, bem como empregar sua atenção e cuidado em toda atividade ou tarefa da qual possa potencialmente resultar perigo à vida, saúde ou patrimônio de terceiros.

Predomina na doutrina a idéia do cirurgião-dentista responder por culpa, não importando a inexistência de um contrato, pois a obrigação de reparar o dano sempre existirá, dentro ou fora do contrato.

O cirurgião-dentista só será responsabilizado se deixar de cumprir com seus deveres de informar e aconselhar, de assistir e de prudência.

Consiste este dever, inicialmente, na atuação profissional de forma correta, na necessidade dele estabelecer com seu paciente as condições de pagamento, os serviços a

serem prestados, os convênios que atende, o preço da consulta etc, o dever de informar e aconselhar.

---

[68] OLIVEIRA, Marcelo L.L. **Responsabilidade Civil Odontológica:** Belo Horizonte: Del Rey, p. 45, 2000.

Nessa fase o dentista deve explicar o tratamento proposto minuciosamente ao paciente e quanto ao estado dos elementos e estruturas bucais, alertando-o dos riscos, sobre sua especialidade, de uma forma que o paciente fique totalmente esclarecido.

Consiste também na prestação dos serviços contratados da melhor maneira possível, atendendo aos chamados e procurando manter-se informado das condições de saúde do paciente durante o tratamento, o dever de assistir. O profissional deve ser encontrado com facilidade, nos casos de emergência, para que não se caracterize abandono e o leve a uma responsabilização.[69]

Pode deixar de atender o paciente, mas jamais abandoná-lo, levando-se em conta que esta recusa não cause dano imediato, devendo comunicar o que aconteceu ao paciente ou a algum familiar do mesmo.

Este dever de assistir e de prudência diz respeito, entre outras coisas, à forma de agir do dentista. Não se pode fazer tratamentos inovadores, não reconhecidos pela ciência odontológica, nem que envolvam grandes riscos, sem a autorização do paciente ou dos seus familiares, quando o paciente se encontre inconsciente, como no caso de traumatismo, onde o cirurgião buco-maxilo-facial deve atuar prontamente.

Caracteriza-se a culpa ainda, se o dentista não atuar de forma prudente. Pode caracterizar imprudência, o agir com descuido; negligência, se deixar de adotar as providências cabíveis ou imperícia, pelo descumprimento das normas técnicas da profissão.[70]

O dentista não quer errar. Ele supõe, através de seus estudos na graduação e nos cursos de pós-graduação, que esteja apto para atuar nas diversas especialidades.

---

[69] CHABAS, François. .La responsabilitá Del medico per i danni causati nell' esercizio della professione, nel diritto francese. Riv. Responsabilità Civile e Previdenza, Milano: Giuffrè, anno 1988, vol. LIII apud KFOURI NETO. **Culpa Médica e Ônus da Prova**. Ed. RT. 2002

[70] SILVA, M.S. **Compêndio de Odontologia Legal** : Ed. Médica e Científica Ltda. São Paulo.1997.

O erro odontológico ocorre quando, apesar de não ter a intenção, causa um dano físico ou psíquico ao paciente. Esse ato caracteriza-se pela falta de intenção, de dolo, sendo um ato culpável.

Hoje, existindo tantas especialidades e soluções para quase todos os problemas do universo bucal, o profissional sente a necessidade de expandir seus conhecimentos e não pode aventurar-se a atuar nas áreas, como a implantodontia ou cirurgias extensas, sem ter se qualificado.

O ideal seria que cada dentista tivesse uma especialidade e partisse para o aprimoramento constantemente. É um risco achar que como clínico geral, possa ser capaz de atuar em todas as especialidades corretamente, agindo com toda a técnica, embora seja possível.

Um dos problemas que impedem essa tomada de posição são os custos excessivos dos cursos odontológicos, bem como o valor baixo que é exercido pela concorrência de mercado com relação aos vários tratamentos.

O profissional tem que ser bem qualificado, fazendo cursos caríssimos e não pode cobrar um preço razoável, em muitos consultórios, para cobrir os gastos do material e dos cursos, devido aos preços baixos exercidos pela concorrência.

Os erros profissionais podem ser divididos, de acordo com Lutz[71] em:

> 1º Erros e Acidentes na Anestesia: uma certa porcentagem de mortes e acidentes ocorre na anestesia, principalmente na anestesia geral;
> 2º Erros de diagnóstico: A. Por ação : a) exame feito com técnica defeituosa; b) interpretação errônea de dados semiológicos, embora corretamente obtidos. B. Por omissão: falta do emprego de um recurso indispensável, como a radiografia.
> 3º Erros de tratamento: A. Por ação: a) escolha de tratamento impróprio; b) emprego de instrumentos inadequados e remédios contra-indicados, perigosos ou trocados, má técnica nas intervenções ou no laboratório de prótese, inclusive na confecção dos aparelhos ortodônticos. B. Por omissão: como exemplo, a falta de tratamento de canais infectados ou de uma hemorragia, falta de extração de raízes antes da colocação de uma prótese total, falta de conselhos indispensáveis.

---

[71] LUTZ, Gualter Adolpho. **Erros e Acidentes em Odontologia**. Rio de Janeiro. Ed. Est. De Artes Graph, p. 50-51, 1938.

4º Erros de prognóstico: são erros que menos dão ensejo a um processo, sendo necessário que destes erros tenha resultado um prejuízo apreciável.
5º Falta de higiene: por exemplo, o contágio e transmissão de doenças como a sífilis à boca do cliente pelas mãos do cirurgião-dentista etc.
6º Erros nas perícias.

França[72], ensina:

> "[...] o erro odontológico no campo da responsabilidade, pode ser de ordem pessoal ou de ordem estrutural. É de ordem pessoal quando o ato lesivo se deu na ação ou omissão, por despreparo técnico e intelectual, por grosseiro descaso ou por motivos ocasionais referentes às condições físicas ou emocionais. Pode ser também procedente de falhas estruturais, quando os meios ou condições de trabalho são insuficientes ou ineficazes para uma resposta satisfatória."

O insucesso do profissional, além de seu despreparo ou por descuido, pode ser causado por utilização de aparelhagem inadequada. Não é raro no Brasil deparar-se com consultórios mal aparelhados, ou com mais de vinte ou trinta anos de utilização.

Por exemplo: quando o sugador não funciona ou não tem a capacidade correta para manter o campo cirúrgico isento de saliva, pode comprometer a confecção das restaurações ou no tratamento endodôntico, onde também é preciso isolar o elemento dental da saliva, pode causar contaminação do canal, pois que possui muitas bactérias.

Quando as falhas são de ordem técnica classificam-se como pessoal e quando se referem ao equipamento, são estruturais.

Atualmente o consultório parece um laboratório, pois são tantos os aparelhos presentes, ou que devem estar, de acordo com a especialização exercida, indo desde aparelhos de raios X, aparelho de ultra-som para remoção de tártaros, jato de bicarbonato, estufas, aparelho fotopolimerizador, bisturi elétrico, laser odontológico, microscopia ótica e tantos outros.

O profissional se isenta de culpa se ocorre um erro não relacionado a falhas técnicas ou estruturais, como no caso de acidentes imprevisíveis, resultante de caso fortuito ou força maior. Sendo imprevisto, não podia ser evitado.

---

[72] FRANÇA, Genival Veloso de. **Direito Médico**. São Paulo. Fundação Editora Byk. 6. ed., p. 242, 1994.

Se o problema dental tem um prognóstico mau, como canais reabsorvidos ou dentes com cistos ou infecção aguda, a perda do elemento dental proveniente da própria evolução da doença, não responsabiliza o dentista.

Existem cirurgiões-dentistas cobrando preços populares, trabalhando à margem da ética, pois devido ao grande número de pacientes, muitas vezes, não é possível nem esterilizar material pelo tempo adequado. Outro fato é o reaproveitamento de materiais descartáveis como luvas, sugadores etc.

Os serviços públicos cometem essas falhas estruturais também, com o sucateamento dos equipamentos odontológicos disponíveis, falta de material de consumo e de instrumentais, havendo um risco real de contrair doenças como a AIDS e a hepatite B.

Como forma de precaução, os dentistas do Estado de São Paulo têm sido vacinados contra as doenças mais graves. Entre elas, a hepatite B, tétano e difteria. A vacinação ocorre para proteção dos efeitos terríveis dessas doenças nos profissionais, como também, proteção dos pacientes.

Atuando como empregados do setor público, se o erro odontológico de uma dessas falhas estruturais acontecer, o profissional não poderá ser responsabilizado, desde que não concorra para o evento.

Se for o caso de indenização, deverá ser dirigida a ação contra os órgãos públicos Municipais, Estaduais, do Distrito Federal ou da União.

3.1.1 Negligência

É negligente o profissional que atua com descaso, desatenção. Ele se omite, torna-se inerte, passivo e não faz o que deveria fazer de acordo com a boa técnica.

Pode ser responsabilizado por negligência de forma análoga, por deixar que terceiros como ajudantes, estudantes de odontologia sem supervisão, realizem tratamentos sobre sua responsabilidade.

Alguns dentistas colocam as atendentes ou até a secretária para, por exemplo, colar os braquetes nos pacientes, no caso da ortodontia, podendo acarretar desnivelamento dos dentes pela colocação em posição errada.

Se causar dano decorrente de má conservação de seu equipamento odontológico, o dentista também responderá por negligência, como no caso de sugadores entupidos, falta de água nas canetas de alta rotação, luzes do refletor queimadas etc.

Os danos tanto podem acontecer nos consultórios particulares, como nas clínicas e hospitais. Outros exemplos são: as queimaduras na mucosa bucal por substâncias medicamentosas, traumatismos por quedas dos pacientes mal posicionados na cadeira odontológica, o esquecimento de algodão dentro do canal ao realizar a restauração, deixar que objetos caiam na faringe do paciente, não controlar o pós-operatório e não advertir dos riscos do tratamento.

Nos erros de prescrição de medicamentos podem ocorrer desde o erro da prescrição, indicando o remédio errado, como a troca do remédio, pelo fato do farmacêutico não entender a letra do dentista.

O profissional deve estar atento a todos os sinais e sintomas apresentados pelos pacientes, utilizando os exames e recursos para dar o correto diagnóstico.

A falta de identificação de abscessos, cistos e lesões bucais, não dando o encaminhamento correto ao paciente, podem ocasionar-lhe danos severos.

Em toda profissão acontecem os erros; isso é natural do homem, mas o cirurgião-dentista tem que trabalhar com os detalhes, como se fosse um ourives na tarefa de reconstruir uma pedra preciosa, que é o dente.

Tal como pérolas, os dentes têm muito valor e todos procuram preservá-los. É surpreendente que o profissional possa ser o responsável pela perda do mesmo por descuido.

3.1.2 Imprudência

É um agir precipitado, que coloca o tratamento em risco, pulando certas fases do tratamento, como por exemplo, a colocação de curativo no canal antes da obturação definitiva, da falta de raios X das limas, dos cones, no tratamento endodôntico, ou do afastamento gengival adequado para a moldagem na prótese, expondo a risco o sucesso do tratamento.

Na imprudência o dentista age sem a cautela necessária caracterizada pela intempestividade, precipitação.

É agir pelo qual o agente, tendo possibilidade de prever a ocorrência de evento danoso, não o faz, provocando, assim, a ocorrência lesiva. A previsibilidade da ocorrência do evento lesivo é característica desta modalidade culposa. Ele sabe que pode causar um dano. Está prevendo o resultado, mas resolve continuar.

A imprudência distingue-se da imperícia, pois enquanto o profissional resolve realizar um tratamento com técnica que não domina, age com imperícia. Na imprudência, ocorre um deslize, uma falta de cuidado, como realizar restaurações ou cirurgias sem necessidade.

Age também com imprudência o profissional que quer realizar o tratamento rapidamente ou com excesso de força na extração dentária, causando fratura da mandíbula.

3.1.3 Imperícia

O dentista atua com imperícia quando realiza procedimentos com relação aos quais não tem conhecimento suficiente, não domina a técnica ou não tem preparo especializado para realizar o ato. Responde por imperícia também quando manuseia erroneamente um equipamento, causando danos ao paciente, devido a sua imperícia no domínio da técnica.

Tem-se questionado se um dentista poderia ser imperito, tendo em vista possuir um diploma de nível superior reconhecido pelo MEC. O professor José Luiz Gavião de Almeida entende que principalmente pelo profissional ter uma preparação é que ele pode ser imperito (informação verbal).[73] Há também a responsabilidade coletiva.

Na equipe cirúrgica buco-maxilo-facial, o cirurgião é o chefe da equipe. Tradicionalmente sendo o chefe da equipe, ele é o responsável pelos atos cometidos por qualquer membro dessa equipe.

Pode ocorrer na anestesia, onde o profissional deve ficar à cabeceira do paciente. Ocorre nas várias especialidades odontológicas como: na cirurgia, quando ao se extrair um elemento dental cause uma fratura maxilar; na implantodontia, a lesão do canal neural; na prótese, a confecção de uma prótese total dupla ou unitária com a dimensão vertical alterada para mais ou para menos etc.

Está presente na situação de emergência que ocorre pela existência de um elevado risco de vida por falência nas funções vitais do paciente. Essas situações podem acontecer no consultório, na rua, ou em outro lugar e o profissional deve estar preparado, possuindo de preferência um aparelho de oxigênio no consultório, especialmente para os casos de desfalecimento em virtude da aplicação de anestesia, o que pode ocorrer seja devido ao estado

---

[73] Informação obtida nas aulas de mestrado de Direito Civil da UNIP do Prof. José Luiz Gavião de Almeida, que muito bem observa que só pode ser imperito quem tem formação profissional.

de saúde do paciente, ou devido ao estado psicológico, ou seja, pelo medo da mesma, para que não se caracterize a imperícia.

A Lei nº 5081 de 24 de agosto de 1966, em seu artigo 6º, que estabelece a competência do cirurgião-dentista, no inciso VIII dispõe: "compete ao cirurgião-dentista prescrever e aplicar medicação de urgência no caso de acidentes graves que comprometam a vida e a saúde do paciente."

Além do conhecimento da técnica, o profissional deve ter conhecimento de farmacologia e de fisiologia para entender os efeitos das medicações prescritas. Deve saber a dose, o tempo entre a ingestão de um e outro, a via de administração, se é oral ou intramuscular, através de injeção.

Existe o perigo da combinação de remédios, casar efeitos colaterais indesejáveis. Pode prejudicar a saúde do paciente e até levar ao óbito. O perigo maior é se o paciente for alérgico a alguma medicação. Por isso da importância da anamnese inicial, realizada antes de se começar qualquer tratamento.

Os programas de computador atuais realçam em vermelho na ficha destes pacientes a condição de alérgicos e, se for feita a ficha clínica tradicional no papel, deve ficar em destaque.

Pacientes com problemas cardíacos, hipertensão, diabete e tantas outras doenças, requerem cuidados especiais: uso de anestésico especial para os cardíacos; os diabéticos devem estar compensados etc.

Um sintoma que quase nunca é identificado com antecedência e só aparece no momento do tratamento é o estado psicológico do paciente que pode contribuir para o insucesso do tratamento. Esse estado pode como, por exemplo, no tempo do efeito do anestésico, passando o efeito mais rápido nos pacientes mais nervosos.

Pode acontecer desde hemorragias, devendo possuir a medicação própria e material para estancá-la, como até chegar ao desmaio. Se o caso for muito grave e o uso do oxigênio não for suficiente para trazer o paciente à consciência, o cirurgião-dentista deve ter um serviço de atendimento de emergência com ambulância preparada para levar o paciente a um hospital.

Está sendo oferecido um serviço desta natureza aos dentistas do Estado de São Paulo mediante uma contribuição mensal.

Atuar preventivamente é uma forma de evitar a imperícia. É um benefício para o paciente e uma tranqüilidade para os profissionais.

Para a apuração da culpa na imperícia, o juiz deverá comparar os procedimentos e cuidados que deveriam ter sido adotados no caso concreto com aquele adotado pelo dentista. Se não forem observados os critérios, terá agido com culpa.

Será levado em conta como seria a atitude adotada por um profissional prudente naquele caso, sob as mesmas circunstâncias, existindo uma certa dificuldade para se provar a culpa.

Existem casos, como, no tratamento endodôntico preliminar, que são feitos de forma estéril, com todas as cautelas que a ciência exige. Depois sobre este elemento dentário, um outro profissional especialista, faz uma prótese, onde se requer a inclusão de um núcleo dentro do dente.

Há de se ter em mente que um ato descuidado pode contaminar o trabalho feito pelo profissional especialista em canal e comprometer o futuro do elemento dental. Neste caso, de quem seria a responsabilidade, se o dente vier a ter novamente problemas endodônticos? Como comprovar a culpa de um ou de outro?

Por isso, há necessidade de se ter no arquivo, as radiografias e os demais documentos comprovando a utilização da boa técnica e, talvez, o mais sensato fosse o próprio profissional de endodontia preparar a cavidade para futura colocação de núcleo, ou seja, cada especialista trabalhando dentro de seu campo de atuação.

O tratamento odontológico acontece, geralmente, sem a presença de terceiros, a não ser que esteja presente uma assistente, mas que terá seu testemunho comprometido também pela relação de trabalho com o dentista. Mesmo numa equipe de cirurgia, seria difícil uma imparcialidade de algum profissional ao testemunhar contra o outro.

Alie-se a este o fato de que quando se torna necessária uma perícia odontológica, esta é realizada por um colega de profissão, que pode inclusive, estar passando por igual dificuldade ou simplesmente deseja "proteger a classe", o que compromete a imparcialidade. Por essa razão é que se atribuiu a expressão depreciativa de "máfia de branco".

Os juízes podem se valer de outras evidências, quando se mostra difícil conseguir as provas, como no exemplo a seguir do acórdão proferido no TJRS pelo Des. Ruy Rosado de Aguiar Júnior ao julgar a apelação n. 589.069.996 da 5ª Câmara:

> Afasto as conclusões do laudo quanto às questões de natureza jurídica, fora do âmbito da perícia. Lamento que [...] omitindo-se em responder sobre questões realmente relevantes, por aspectos meramente formais na formulação da pergunta, e respondendo outras de forma dogmática, como especialmente ocorreu [...] Em razão das deficiências dessa prova, foi determinada a diligência de folhas, para que o serviço médico, depois procurado pela autora, enviasse os dados ali registrados a seu respeito. Mais uma vez, como é de praxe, não teve êxito na colheita de informes esclarecedores; daí a necessidade de uma renovada tentativa, igualmente frustrada,[...] O que existe, porém, já é bastante para um juízo de procedência da ação.

No direito processual brasileiro, em regra, o ônus da prova incumbe a quem alega. A prova caberia sempre ao paciente ou vítima, que muitas vezes é uma pessoa de menos recursos, mais simples e sem muito estudo, podendo ocorrer a inversão do ônus da prova, como foi citado pelo Código de Defesa do Consumidor.

Daí a necessidade do cirurgião-dentista fazer o receituário em duas vias e fazer o paciente assinar que está ciente de sua responsabilidade de tomar os medicamentos nos horários corretos, como forma de precaver-se contra pessoas mal intencionadas, que querem tirar proveito da situação para serem ressarcidas de um fato ao qual foram as responsáveis.

3.2 Condutas dolosas

Quando o agente, voluntária e conscientemente, pratica o ato contrário às normas jurídicas, por querer-lhe o resultado, ou assumir o risco de produzi-lo. Ex: o profissional, sabendo que o paciente é sensível à penicilina, inocula-lhe o produto visando matá-lo, está praticando homicídio doloso; na mesma situação está quem, não conhecendo o comportamento reacional do paciente, aplica-lhe uma injeção de penicilina sem fazer nenhum teste de sensibilidade prévio, assumindo o risco de matar o seu paciente e, efetivamente o faz. Na primeira hipótese temos o dolo direto, na segunda, o dolo eventual.

3.3 Culpa cível, culpa penal e administrativa

Mesmo apresentando semelhanças a culpa cível e a culpa penal apresentam distinções, tais como: a culpa penal se caracteriza por sua tipicidade, ou seja, a conduta proibida deve encontrar-se descrita na lei penal, o que não é exigido da culpa cível; enquanto o Direito Penal está se atendo a punição, o Direito Civil visa à indenização; a penal é individual, enquanto a cível pode ser aplicada a outras pessoas.

Para que se caracterize a responsabilidade civil do cirurgião-dentista é preciso um comportamento próprio ou de seus funcionários no exercício da profissão, violando o dever de cuidado e da técnica, devendo ser a título de dolo ou culpa e estar presente o nexo de causalidade.

A culpa administrativa refere-se à apuração e punição aplicadas aos fatos e atos profissionais do dentista, pelos Conselhos Regionais em que se achava inscrito ao tempo do fato ou ato passível de punição. As penalidades que podem ser impostas pelos Conselhos Regionais de Odontologia, vão desde a censura até a exclusão do cirurgião-dentista do quadro.

Os delitos podem ir desde um simples desentendimento com o paciente, tratando-o com má educação, podendo acarretar crimes de ordem penal, como o caso de crimes contra a honra: calúnia, difamação ou injúria, previstos respectivamente nos artigos: 138, 139 e 140 do CP, indo até delitos como omissão de socorro, lesões corporais e homicídio.

3.3.1 Omissão de socorro

Quando o profissional se enquadra no crime de omissão de socorro ele responderá penalmente pelo art. 135 do CP, que diz:

> Deixar de prestar assistência, quando possível fazê-lo sem risco pessoal, à criança abandonada ou extraviada, ou à pessoa inválida ou ferida, ao desamparo ou em grave e iminente perigo; ou não pedir, nesses casos, o socorro da autoridade pública.

O profissional poderá responder por omissão de socorro quando deixar de atender sem motivo justificado, paciente acometido de uma hemorragia, de uma infecção severa pós-cirúrgica, que venha a desmaiar no consultório e não prestar socorro imediato; paciente que apresente uma dor intensa e não seja medicado etc.

Cada caso será analisado concretamente, vendo a participação tanto do dentista, como do paciente para a eclosão dos fatos.

Se for condenado penalmente, esta sentença poderá ser usada para uma indenização cível; são os efeitos cíveis da sentença penal. O art 91, I do CP, diz: "São efeitos da condenação: I – tornar certa a obrigação de indenizar o dano causado pelo crime."

Com relação aos efeitos administrativos, o dentista poderá sofrer até a cassação do exercício da profissão, em último caso, de acordo com o art 36, IV do Código de Ética Odontológico.

Se for funcionário público poderá perder o cargo ou função, como diz o art 92, I do CP: "São também efeitos da condenação: I – a perda de cargo, função pública ou mandato eletivo."

Essa pena é aplicada quando o profissional é condenado a uma pena privativa de liberdade por tempo igual ou superior a um ano, em caso de abuso de autoridade e de quatro anos, nos demais casos.

3.3.2 Lesões corporais

Os atos praticados pelo profissional podem ter como resultado, lesões de diversas formas, tanto nos tecidos bucais, quanto nas estruturas dentais, e o cirurgião-dentista poderá estar incurso nos seguintes artigos do Código Penal:

> Art. 129 – Código Penal brasileiro: Ofender a integridade corporal ou à saúde de outrem" – pena: detenção de 3(três) meses a 1 (um) ano.
>
> Par. 2.o – Se resulta
>
> I – incapacidade permanente para o trabalho
>
> II – enfermidade incurável
>
> III – perda ou inutilização de membro, sentido ou função
>
> IV - deformidade permanente
>
> V – aborto

Pena – reclusão de 2 (dois) a 8 (oito) anos.

Par.6º – Se a lesão é culposa:

Pena: detenção de 2(dois) meses a 1 (um) ano."

Além da condenação penal ainda estará sujeito à indenização cível e administrativa pelo Conselho Regional de Odontologia, como mencionado anteriormente.

3.3.3 Homicídio culposo

Como foi tratado anteriormente, o crime culposo se caracteriza por ausência de dolo, de vontade de cometer o crime, mas existe a responsabilidade do profissional, podendo responder no caso de resultar o óbito do paciente. O artigo 18 do CP, diz: "Diz-se o crime:[...] II – culposo, quando o agente deu causa ao resultado por imprudência, negligência ou imperícia."

E o Art. 121 do Código Penal brasileiro, diz em seu caput: "Matar alguém: Pena: reclusão de 6 (seis) a 20 (vinte) anos."

No Par. 4º, diz: "No homicídio culposo, a pena é aumentada de um terço se o crime resulta de inobservância de regra da profissão, arte ou ofício."

Apesar dos dentistas não estarem referidos diretamente nos artigos do Código Penal, subentende-se que sendo um profissional, sua responsabilidade está implícita nestes artigos (arts. 18, 121, parágrafos 3º e 4º e 129, § 6º), nos casos de negligência imperícia e imprudência.

Aqui também poderá ter que indenizar civilmente e sofrer sanções administrativas pelo Conselho Regional de Odontologia, e se for funcionário público, ser afastado ou perder o cargo ou função.

3.3.4 Homicídio doloso

No homicídio simples, o profissional age com intenção de causar o óbito ao paciente, o que nos parece mais uma ficção do que realidade; mesmo assim, estaria incurso no artigo 121, CP, que diz: "Matar alguém: Pena – reclusão, de 6(seis) a 20(vinte) anos."

Poderia ocorrer no caso de injetar anestésico com penicilina, sabendo que o paciente era alérgico ao medicamento.

Além das sanções penais, estaria sujeito às indenizações civis e administrativas através do Código de Ética, e também, perda de cargo ou função, se for funcionário público.

3.4 Da relação de causalidade entre a conduta e o resultado danoso

Para a configuração do erro odontológico há necessidade de um nexo de causalidade entre a ação culposa e o resultado, ou seja, uma relação de causa e efeito. Assim o efeito danoso deverá ser decorrência da ação culposa. A ausência do nexo de causalidade entre a atividade do dentista e o dano decorrente retira a culpa.

Para se identificar, claramente, se o resultado pode ser atribuído à determinada ação, não basta que se elimine a ação para se verificar se o resultado ocorreria, pois essa é a teoria da equivalência das condições e se configura muito ampla.

Dano e nexo causal têm como conseqüência responsabilidade civil indenizatória, mas é preciso ação ou omissão culposa. A dificuldade geralmente está aqui, na demonstração do nexo causal. É a maior discussão dos tribunais.

Então, nós temos como elementos: o agente, o ato que é o resultado danoso de um ato ilícito, um resultado não desejado, a culpa profissional, portanto, sem a intenção de prejudicar. O dano real, efetivo e concreto, o nexo causal, quando o ato é praticado ilicitamente com moderação sem a atenção devida trata-se, às vezes, como acidente, como em certas cirurgias onde há riscos.

Se determinado paciente, fatalmente morreria, da forma e no tempo em que morreu, independentemente da ação ou omissão do cirurgião-dentista, não se lhe poderá atribuir qualquer responsabilidade, pois entre o evento morte e a ação ou omissão do profissional, não existiu um nexo de causalidade, ou melhor, a ação ou omissão do facultativo não foi determinante para a causa da morte do paciente.

Agora, se por ação ou omissão do cirurgião-dentista, o paciente veio a falecer, há de se lhe imputar responsabilidade na medida em que o resultado falecimento do paciente decorreu da ação ou omissão do profissional. É muito difícil ocorrer o falecimento de um paciente no tratamento odontológico e isso acontece mais por decorrência de choque anafilático pela anestesia, ou na especialidade do cirurgião buco-maxilo-facial, onde é usada a anestesia geral e também nos casos onde o profissional atua em hospitais, atendendo aos pacientes vítimas de traumas em acidentes.

Esta relação de causalidade é estabelecida, via de regra, através de perícia. Isto porque ao julgador faltam conhecimentos específicos de áreas estranhas ao Direito. Por tal motivo é que, dentre os auxiliares do juiz, estão os peritos: pessoas que, por seus conhecimentos técnicos específicos, produzem relatórios (sob a forma de autos ou de laudos) contendo suas opiniões fundamentadas a respeito de fatos técnicos.

O nexo de causalidade deve apresentar algumas características, como a existência de um liame temporal entre o resultado e o ato, uma relação topográfica, de proximidade entre o local da lesão e o da ação, como também uma relação coerente entre o fato e as possíveis lesões que podem ocorrer, de forma contínua, demonstrando que um é uma conseqüência do outro, e uma análise de casos semelhantes que tiveram como resultado a mesma lesão.

Por isso a grande importância dos laudos periciais que verificarão, nos casos concretos, a existência ou não de nexo entre a conduta do profissional e o resultado de dano ao paciente. Pode-se conceituar a relação de causalidade como o nexo causal entre o ato culposo realizado pelo profissional e a produção do dano.

A profissão de cirurgião-dentista encontra-se cercada por normas de comportamento que balizam todas as atividades. Este conjunto normativo é composto por Leis e Decretos diversos, uns de ordem geral, outros de cunho específico.

Dentre as normas gerais, no âmbito cível e penal, encontram-se o Código Civil e o Código Penal. Já dentro da norma específica, essencialmente de cunho administrativo e extrajudicial, encontram-se as disposições do Conselho Federal e dos Conselhos Regionais de Odontologia e o Código de Ética Odontológica (Resolução CFO nº 179, de 19.12.91).

3.5 Ônus da prova

Como a responsabilidade do dentista é contratual, há presunção de sua culpa, bastando a prova de seu inadimplemento. Entretanto, como visto anteriormente, existem obrigações de meio e de resultado e responsabilidade subjetiva e objetiva.

Entendemos que o profissional responde subjetivamente com relação às obrigações de meio e, sendo sua responsabilidade subjetiva, é necessária a caracterização da sua culpa.

As provas devem ser fornecidas tanto por ele quanto pelo paciente, pois o juiz recebe, geralmente, provas de ambas as partes. Se for o caso de o profissional não querer ceder a ficha de tratamento, radiografias e outros meios de prova, o juiz poderá inverter o ônus da prova em favor do paciente, restando ao profissional entregá-las, ou conforme o caso, se houver indícios suficientes, o juiz poderá considerar os argumentos do paciente verdadeiros, diante da recusa do profissional.

3.6 Excludentes de responsabilidade

São excludentes de responsabilidade, que impedem a existência do nexo causal. Quanto à exclusão de responsabilidade, no campo contratual, temos a cláusula de não indenizar, pela qual a parte contratante que se obrigaria a as indenizar por prejuízos futuros, estipula no contrato, estando de acordo os contratantes, a irresponsabilidade por inadimplemento, não provocado por si, mas por terceiro ou força maior.[74]

Trata-se da exoneração convencional do dever de reparar o dano, sendo os riscos transferidos para a vítima.

Esta cláusula é discutível e não é aceita pacificamente na jurisprudência brasileira. Muitos entendem que se trata de cláusula nula, como é no campo dos direitos do consumidor (art. 51, I). Quando o paciente firma com o dentista um tratamento, naquele momento nasce uma obrigação para as partes, com direitos e deveres para ambos.

Outro exemplo, é a culpa da vítima, onde desaparece a relação de causa e efeito entre o dano e seu causador. Temos também o caso fortuito, quando ocorrer algo imprevisto superior à vontade do homem e, a força maior, ou seja, quando se sabe que vai acontecer o fato, mas não pode evitá-lo.

Outras excludentes são: o estado de necessidade, onde se encontra justificativa para o mal causado à vítima devido a um mal iminente, que na iminência de ver atingido um direito seu, ofende direito alheio. A legítima defesa, em que para repelir agressão injusta, atual ou iminente, contra si ou contra outros, pode usar dos meios necessários. O exercício regular de direito, porque atua no exercício regular de um direito reconhecido e o fato de terceiro,

---
[74] SILVA, De Plácido e. **Vocabulário Jurídico**. Rio de Janeiro. Editora Forense, 1998.

entendido como alguém mais além da vítima e do causador do dano. Não podem ter ligação com o agente causador do dano e, no caso concreto, importa verificar se o terceiro foi o causador exclusivo do prejuízo ou se o agente também concorreu para o dano. A culpa concorrente é uma das excludentes parciais, em que a responsabilidade é tanto do dentista quanto do paciente.

A responsabilidade existe tanto do profissional na área odontológica, como do paciente. Para a solução do conflito deve-se analisar o caso concreto e seus fatos, enquadrando se é obrigação de meio ou de resultado.

O dentista responde pelos danos causados ao paciente devido a defeitos no equipamento, eximindo-se desta responsabilidade se provar a ocorrência do caso fortuito, força maior, culpa exclusiva da vítima ou cláusula de não indenizar, ficando com direito de regresso contra o fabricante do equipamento. Como exemplo, podemos citar o paciente que faz um movimento brusco quando do uso da broca de alta rotação pelo profissional, ocasionando ferimentos na sua mucosa bucal.

Estará isento de culpa também, conforme o caso concreto, o profissional se o erro odontológico ocorrer por caso fortuito ou força maior, como no caso de acabar a força na região do consultório, desabamento, inundação etc.

3.7 O consentimento informado

O que tem contribuído para o crescimento dos processos contra os cirurgiões-dentistas é a desconfiança, principalmente as reclamações pela falta de informação para dar o consentimento, ou seja, o consentimento informado.

Existe hoje um problema sério que é da informação. Nos Estados Unidos, o médico que apenas não informar, pode ser responsabilizado. É preciso haver um nexo causal entre a falta de informação e o dano, existindo um risco estatisticamente relevante em certos procedimentos que não forem avisados ao paciente (informação verbal).[75]

Mesmo usando da melhor técnica, a necrose, que é a morte tecidual, pode ocorrer e tem-se como conseqüência, o insucesso na cirurgia. O médico foi perito, prudente e absolutamente atencioso. E de modo nenhum negligente. Ele efetivamente causou o dano porque não avisou ao paciente. Sabedor desse dano em perspectiva, o paciente poderia se recusar a submeter-se a uma cirurgia.

O problema mais comum da falta de informação ocorre quando o médico dá uma informação errada ao paciente no tocante ao período de convalescença e diz que após a cirurgia, em 15 dias o paciente volta a suas atividades, e passa um mês ou mais, e o paciente não se recupera.

Isto é um procedimento errôneo. Hoje nos Estados Unidos, existe também demanda por excesso de informação. Por exemplo, um médico deu a uma paciente um caderno com 13 laudas dos riscos. A mulher não se submeteu à cirurgia, mas ficou absolutamente em pânico. Já estão acontecendo no Brasil estas demandas (informação verbal).

O consentimento informado não é salvo conduto para o médico e quando esse ônus documentado é atribuído ao médico, isso resultará em seu desfavor (informação verbal).

Uma mulher que faça um tratamento odontológico e depois chegando em casa, seu marido não concorde com o preço ou com o tratamento, pode querer cancelar o pagamento e, se o profissional não provar por escrito, que a paciente estava de acordo, pode ficar sujeito a um processo judicial.

---

[75] KFOURI NETO, Miguel. *In*: **SIMPÓSIO SOBRE A RESPONSABILIDADE CIVIL E CRIMINAL DO MÉDICO**. Campinas, São Paulo: 2002.

O profissional deve produzir o documento. Esse consentimento informado é uma relação de diálogo entre paciente e médico e tem tido uma importância grande. No futuro vai ocupar o interesse dos profissionais do Direito.

4 DANO ESTÉTICO E FUNCIONAL

O dano é uma lesão a um interesse, feito ilicitamente, podendo dar ensejo à indenização. Trata-se de interesses que são atingidos injustamente. O dano ou interesse deve ser atual e certo, não se indenizando, a princípio, danos hipotéticos. Ele pode ser patrimonial ou moral. Ele se materializa com a definição do prejuízo sofrido pela vítima.[76]

Enquanto o dano patrimonial é o prejuízo conseqüente de diminuição patrimonial ou deterioração de coisas materiais, o dano moral atinge bens de ordem moral, tais como a liberdade, a honra, a profissão, a família.

De acordo com Silvio Venosa,[77] o dano estético é uma modalidade de dano moral. Pode ser cumulado com danos patrimoniais, como a diminuição da capacidade de trabalho, mas não se cumula com o dano moral, sob pena de ocorrer *bis in idem.*

Com relação ao tratamento estético, essa regra da responsabilidade subjetiva muda um pouco. O paciente não se encontra necessitando de tratamento ou com dor. Por sua vaidade, ele escolhe mudar a aparência estética de seus dentes, colocando coroas ou facetas de porcelana, ou fazendo um clareamento dental, por exemplo. Não é um tratamento emergencial.

O objetivo do dentista é satisfazer a mudança esperada do paciente, qual seja, a melhora estética dos dentes de seu cliente.

Se o tratamento é de risco e, o profissional não tem certeza do resultado, é melhor não se lançar nesta aventura. Tem o dever de informar o paciente dos riscos. O dano odontológico pode causar conseqüências de ordem patrimonial ou moral, assim como o dano estético.

---

[76] VENOSA, Sílvio de Salvo. **Direito Civil: responsabilidade civil**. 3. ed. São Paulo: Atlas, p. 28, 2003.
[77] *Ibidem*, p. 37

No caso de uma cirurgia de emergência, vale a pena correr o risco para salvar a vida do paciente. Em outros casos, como na cirurgia ortognata, para corrigir as deficiências de crescimento ósseo da mandíbula ou da maxila, já é um tratamento estético, devendo o risco ser mínimo.

A maioria dos juristas no Brasil entende que o resultado da cirurgia estética é de meio, mas outros divergem desta opinião, como nos casos de cirurgias restauradoras feitas pelo especialista buco-maxilo-facial.

Já o Professor Luís Andorno, professor da Universidade Nacional do Rosário, que em curso proferido em Porto Alegre citou o jurista francês Professor François Chabas[78], compartilhando de seu entendimento disse que segundo Chabas, "[...] de acordo com as conclusões da ciência médica dos últimos tempos, o comportamento da pele humana, de fundamental importância na cirurgia plástica é imprevisível em numerosos casos". Para eles, portanto, na cirurgia estética, a responsabilidade do médico seria de meio.

Esta opinião é compartilhada pelo Min. Ruy Rosado de Aguiar Jr., que assim escreveu (RT 718/33):

> O acerto está, no entanto, com os que atribuem ao cirurgião estético uma obrigação de meio. Embora se diga que os cirurgiões plásticos prometam corrigir, sem o que ninguém se submeteria, sendo são, a uma intervenção cirúrgica, pelo que assumiriam eles a obrigação de alcançar o resultado prometido, a verdade é que a álea está presente em toda intervenção cirúrgica, e imprevisíveis as reações de cada organismo à agressão do ato cirúrgico.

Marcelo Oliveira[79] diz que "[...] ao contrário do que afirmam muitos autores, nem sempre a obrigação do cirurgião-dentista é de resultado", citando a cirurgia e traumatologia buco-maxilo-facial como exemplo de obrigação de meio, quando então se aplica a teoria da responsabilidade subjetiva. Sugere ainda a reforma do § 4º do Art. 14 do Código de Defesa do Consumidor, para "[...] salvo quando este houver se obrigado a atingir determinado resultado

---

[78] CHABAS, François apud KFOURI NETO. **Culpa Médica e Ônus da Prova**. Ed. RT., p. 253-254, 2002.
[79] OLIVEIRA, Marcelo L.L. **Responsabilidade Civil Odontológica**: Belo Horizonte: Del Rey, p. 83, 2000.

e esta promessa for o móvel principal da escolha do profissional pelo consumidor," como meio de dirimir dúvidas que suscitam.

No caso de ocorrer lesões corporais o profissional indenizará o paciente nas despesas de tratamento, sendo o dano emergente e lucros cessantes, até o fim de sua convalescença, com o débito atualizado monetariamente.

O art. 949 do CC diz que o causador da lesão indenizará o ofendido das despesas de tratamento e lucros cessantes até o fim da convalescença e até outro prejuízo que o ofendido possa haver sofrido.

Terá direito ainda à pensão, de acordo com o art. 950, CC, se o ofendido não possa exercer o seu ofício ou profissão ou tenha sua capacidade de trabalho diminuída, além das despesas do tratamento e lucros cessantes até o fim da convalescença.

O parágrafo único diz que se o prejudicado preferir, poderá exigir que a indenização seja arbitrada e paga de uma só vez. O valor a indenizar será fixado pelo dano estético, levando em conta vários fatores do paciente, como: a idade, o local da lesão, sexo, profissão e todas as formas de prejuízos.

Dentre algumas das complicações que podem acontecer, temos: as hemorragias pós-extração, a presença de dor e infecções nos tratamentos endodônticos, a reabsorção das raízes na ortodontia, a quebra de limas dentro dos canais, cortes na mucosa bucal, queimaduras por agentes químicos ou físicos etc.

A responsabilidade pela esterilização do material utilizado pode ser cobrada, se for provado que não estava corretamente esterilizado.

4.1 Ortodontia e a ATM

O tratamento ortodôntico visa restabelecer uma posição estética e fisiológica ideal e estável para os dentes, mas com esse objetivo, pode vir a causar lesões ou disfunções na articulação-temporo-mandibular (ATM).

Os côndilos de ambos os lados da face, onde a mandíbula se encaixa, tendem a se adaptarem. Entretanto, traumatismos podem estar ocorrendo sem que o paciente perceba ou apresente sintomas como a dor e estalidos ao abrir e fechar a boca.

Esses traumas podem ser causados também pela ingestão de lanches muito grandes, onde o paciente tem que abrir muito a boca ou uso contínuo de chicletes.

A repetição no traumatismo pode lesionar de tal forma a ATM, que seja necessária uma intervenção cirúrgica para correção das estruturas danificadas.

As disfunções da ATM costumam ser seguidas de dor e pode haver o travamento da mandíbula, onde o paciente não consegue mais fechar a boca, como se "o queixo tivesse caído."

A maioria dos movimentos ortodônticos causa alguma reabsorção radicular. Por isso o profissional deve estar atento às novas técnicas que utilizam forças mais leves para controlar e evitar esta reabsorção. A perda da estrutura óssea, com o tempo, pode levar ao amolecimento dos dentes.

O sorriso é um verdadeiro "cartão de visita" para a pessoa ao se apresentar em um novo emprego ou no relacionamento social. Daí a preocupação com a correção ortodôntica.

A reabsorção radicular acontece mais nos adultos. A superfície radicular apresenta uma camada mais espessa de cemento e cementoblastos em número reduzido, além de muitas fibras periodontais unidas à raiz, o que tem como conseqüência, uma maior ancoragem, ou seja, resistência do elemento dental, evitando sua movimentação.[80]

Dependendo do dente, uns têm mais facilidade de reabsorção do que outros. Principalmente quando o paciente apresenta os dentes muito protruídos, isto é, para frente, a ponto de não conseguir fechar os lábios, e a sua tração para trás, pode causar reabsorção nos incisivos superiores devido ao grande movimento exigido.

Esse movimento pode causar reabsorção, principalmente se for um movimento intrusivo, isto é, para dentro do alvéolo onde se aloja o dente no osso.

O adulto, além de apresentar uma certa resistência à movimentação, possui uma menor plasticidade do osso esponjoso.

Nem sempre a perda de parte da raiz pela reabsorção diminuirá a vida do dente ou sua capacidade mastigatória. Fatores como a falta de higiene pessoal pela má escovação, causando o acúmulo de tártaro e causando inflamação da gengiva e da estrutura periodontal, são relevantes para o sucesso do tratamento.

É preciso separar qual a responsabilidade do ortodontista e qual a participação que o paciente pode ter no caso de um insucesso.

O ortodontista ou o clínico geral que faz ortodontia tem responsabilidade em controlar a reabsorção dos dentes, deve colocá-los numa posição estética e funcional adequada. Corrigir as mordidas cruzadas, presentes quando os dentes ao invés de se encaixarem, os de baixo por dentro dos de cima, invertem as posições, o que é motivo de traumatismos na ATM. A linha mediana dos dentes superiores e inferiores devem estar alinhadas com a face.

Atuando corretamente, sem usar forças excessivas e dentro da técnica adotada, apesar de todos os cuidados, pode ainda assim, após o encerramento do tratamento, já na fase de

---

[80] FREITAS, M.R. et al. **Movimentação ortodôntica-revisão da literatura. Considerações clínica e apresentação de um caso clínico.** Ortod. V.18, n.2, jul/dez. 1985.

contenção dos dentes, com o uso de aparelhos removíveis, acontecer a recidiva, ou seja, os dentes voltarem a entortar.

Existe uma tendência dos dentes retornarem à posição original devido a alguns fatores como: a não calcificação completa do osso que envolve a raiz ou uma memória neuro-muscular que tende a exercer uma força no dente, fazendo-o se movimentar.

Essa adaptação é também fisiológica, onde a própria oclusão dos dentes superiores com os inferiores, buscam uma posição mais confortável para realizar a mastigação. O profissional deve estar atento a todos esses fatores para evitar que o dente recidive.

Nesta fase pós-tratamento, o paciente tem um papel primordial. Dependendo do uso correto dos aparelhos de contenção, geralmente removível na maxila e fixo na parte dos dentes mandibulares, colado internamente de canino a canino, é que se chegará ao sucesso da contenção.

O tratamento visa a reposicionar os dentes, nivelando e alinhando-os. Não pode ter como resultado um posicionamento mais instável do que existia antes do início do mesmo.

Os cursos de aperfeiçoamento e especialização são justamente para que o dentista se qualifique, não tendo que arcar com despesas em processos judiciais e nas indenizações.

A verdade é que a preocupação com a estabilidade deve começar desde o início com o planejamento da futura posição dos elementos dentais e qual a possibilidade de vir a ocorrer a recidiva. Na anamnese deve ser perguntado se alguém na família, por exemplo, já usou aparelho e se ocorreu a recidiva após o tratamento.

Por mais de uma vez, já ocorreu na prática dos consultórios odontológicos, casos de pacientes que procuraram os melhores especialistas, e após ter terminado o tratamento, na fase de contenção, os dentes começaram a entortar novamente.

Não existe um consenso de qual o tempo necessário para se fazer a contenção, variando muito com o caso concreto.

A ortodontia reconhece serem necessárias certas extrações, para acomodar os dentes restantes ao espaço disponível nas arcadas dentárias. Não se pode, contudo, extrair dentes decíduos, ou de leite, antes do tempo para acomodar dentes permanentes, pois faltará espaço para o permanente correspondente que está se formando sob o dente extraído.[81]

O tratamento exige conhecimentos teóricos e aparelhos de boa qualidade. Quanto mais cedo se puder começar a intervir em problemas ortodônticos, melhor para o prognóstico.

Muitos clínicos gerais deixam de diagnosticar problemas sérios de oclusão como: mordida cruzada ou falta de desenvolvimento ósseo da maxila ou da mandíbula. É preciso começar a intervenção nos problemas ortopédicos (crescimento e posicionamento dos maxilares), o quanto antes.

Existe uma polêmica se o clínico geral poderia atuar colocando aparelho ortodôntico ou não. O Conselho Federal de Odontologia (CFO) reafirmou que o clínico geral pode realizar o tratamento, conforme resolução 185/93. Por outro lado, alguns juristas entendem que não, que somente o especialista poderia atuar.

O profissional pode ser responsabilizado pelas falhas em todos os itens anteriores citados.

4.2 Implantodontia

Nas variadas técnicas utilizadas, após ser feita a cirurgia para colocação do implante, deve ficar um tempo no local sem ser exercidas forças sobre o mesmo, para que ocorra a ósteo-integração, isto é, a união do implante com o osso.

---

[81] LUTZ, Gualter Adolpho. **Erros e acidentes em odontologia**. Ed. Est. De Artes Graph.C.Mendes Junior. Rio de Janeiro, p.206, 1938.

Depois desse período é que será colocada a prótese sobre o implante, para que se restabeleça a função mastigatória.

Muitas pessoas procuram recuperar os dentes perdidos através dos implantes, restabelecendo a estética e função mastigatória que foi perdida durante os anos. Antigamente existia uma política extracionista, formando um país de desdentados.

Buccelli[82] et al., fizeram um trabalho com base em remoções de implantes motivados por problemas de natureza clínica e por determinação pericial. Concluíram que a mais freqüente causa de erro juridicamente relevante nesta especialidade, seria não mostrar ao paciente os casos de contra-indicação.

Os materiais utilizados nos implantes atualmente quase não apresentam rejeição, tendo sucesso em cerca de 90%, pois o titânio é um material atóxico.

O que causa o insucesso com consequente possibilidade de indenização é a colocação dos implantes intra-ósseos em ângulos que causem futuro excesso de força aplicada pela mastigação, causando reabsorção óssea, por exemplo.

Pode ter insucesso também por falta de higiene na fase de cicatrização ou má aplicação da técnica recomendada, pois existem várias técnicas para os diferentes tipos de implantes, nacionais ou importados.

Há a possibilidade também de surgirem abscessos e exposição dos implantes às bactérias presentes na cavidade oral e na saliva, levando à perda do implante. Geralmente quando isso ocorre, pode-se retirá-lo e após um tempo de cicatrização, realizar outro implante no mesmo lugar.

---

[82]BUCELLI, C. et al. *Su alcuni casi di rimozioni obbliogata di implantoprotesi. Riflessioni clinique e dimplicazioni médico-legali*. Min. Stom. V.38, n.9, p. 105-109, 1988. *In*: FRANÇA, Beatriz Helena Sottile. **Responsabilidade Civil e Criminal do Cirurgião-Dentista.** 1993.Tese. (Mestrado em Odontologia Legal e Deontologia) – Universidade Estadual de Campinas, Piracicaba, p. 42.

Aqui também, existindo falhas neste processo da cirurgia até a cicatrização, o profissional poderá ser responsabilizado.

4.3 Prótese dentária

Rene[83] et. al., fizeram uma pesquisa nos registros do *Medical Responsability Board e do National Board of Health and Welfare* sobre as reclamações dos tratamentos protéticos inadequados na Suécia e identificaram que os erros mais frequentes eram: de oclusão ou dimensão vertical; coroas perdidas ou retidas; erros de extensão; dor, inflamação ; erros de retenção e adaptação; erros estéticos.

A prótese dentária pode ser fixa ou móvel, total ou parcial. A chamada ponte fixa de porcelana ou metalo-plástica depende, para alcançar o sucesso, da confecção correta nas várias fases, indo desde a escolha da moldeira adequada, afastamento gengival, moldagem, correto preparo do núcleo ou dente e qualidade do material, evitando distorções.

A sua correta adaptação seguindo os padrões e curvas de Spee e de Monson, vai influenciar no seu sucesso, não sobrecarregando os pontos de força de sua estrutura, pois senão poderá ocorrer a fratura da mesma com o uso contínuo e a força da mastigação.

No caso de ponte móvel, além dessas observações, existe a possibilidade de se causar danos aos elementos dentários adjacentes se os ganchos forem mal confeccionados ou gerar instabilidade, se a oclusão dos elementos dentais não for correta, podendo causar dores na ATM ou mesmo fratura da ponte móvel.

Na prótese total, vulgo dentadura, deve-se respeitar a dimensão vertical e força muscular dos músculos faciais, devendo ser confeccionada num tamanho que não cause lesões

---

[83]RENE, N.;OWALL, B. In: FRANÇA, Beatriz Helena Sottile. **Responsabilidade Civil e Criminal do Cirurgião-Dentista,** 1993 Tese (Mestrado em Odontologia Legal e Deontologia) – Universidade Estadual de Campinas, Piracicaba, p. 51.

na gengiva, ou se não forem desgastados os pontos de tensão, até feridas muito doloridas, o que vai causar um grande constrangimento ao paciente.

Michelis[84] fez uma avaliação das lesões dentárias em sede de responsabilidade civil, revelando a importância do coeficiente de antagonismo, sobre a possibilidade dos limites de reintegração protética e a necessidade de renovação da prótese.

Uma prótese mal adaptada pode causar lesões no periodonto, nas estruturas que estão em volta do dente, devido à sobrecarga de forças provenientes da mastigação.[85]

É de suma importância que a prótese respeite a dimensão vertical, cumprindo sua função na mastigação e não cause problemas na ATM.

Pode haver perdas de um ou mais pilares de pontes fixas ou removíveis. Deve-se cuidar para que elementos de prótese como coroas não venham a ser aspiradas pelo paciente, podendo até ir parar nos pulmões, requerendo futura cirurgia para sua retirada.

As indicações de tratamentos desnecessários e inadequados caracterizam a culpa, e também, a falta de adaptação da prótese nos arcos dentários.

Alguns profissionais no intuito da preservação do elemento dental, não retiram a polpa para a confecção da prótese, o que pode ocasionar pulpites posteriores, com a consequente necessidade do tratamento endodôntico, após ter retirado a prótese sobre o mesmo. Só os seguidores extremados da conservação pulpar ainda insistem em evitar o tratamento endodôntico.[86]

No caso da perda da prótese, o profissional terá que arcar com os custos de uma nova prótese, tendo o direito de cobrar pelo tratamento endodôntico.

---

[84] MICHELIS, B. In: FRANÇA, Beatriz Helena Sottile. **Responsabilidade Civil e Criminal do Cirurgião-Dentista**, 1993. Tese (Mestrado em Odontologia Legal e Deontologia) – Universidade Estadual de Campinas. Piracicaba, p. 16.
[85] GIBILISCO, J.A. Processos de Reabsorção. In: FRANÇA, Beatriz Helena Sottile. **Responsabilidade Civil e Criminal do Cirurgião-Dentista**, 1993. Tese (Mestrado em Odontologia Legal e Deontologia) – Universidade Estadual de Campinas. Piracicaba, p. 31.
[86] LUTZ, Gualter Adolpho. **Erros e acidentes em odontologia**. Ed. Est. De Artes Graph.C.Mendes Junior. Rio de Janeiro, 1938, p. 178.

Outra hipótese é de que o profissional tenha feito o tratamento endodôntico e colocado a prótese, e depois, o paciente volte com sintomas de infecção. Pode existir duas interpretações: ou o tratamento foi incorreto ou a infecção latente aumentou devido ao novo esforço ocasionado pelo uso da prótese sobre o elemento dental.[87]

Na primeira possibilidade aparece a dor quase de imediato e indica a necessidade de se recomeçar o tratamento dos canais. Esta sensibilidade também pode ser ocasionada por um trauma na raiz do dente devido a uma prótese muito alta. O profissional pode ser responsabilizado se deixar de agir.

Na segunda possibilidade o aparecimento da dor não compromete o profissional, desde que a infecção fosse de difícil diagnóstico, mas se não fizer um diagnóstico e tratamento corretos, será responsabilizado.

Com relação às pontes fixas, o dentista deve estar atento aos detalhes clínicos e da confecção do material. Na parte clínica, deve observar: a indicação ou não para a confecção da mesma, o preparo e a colocação. A regra geral é de que para cada apoio ou fundamento da ponte fixa, somente são colocados dois elementos desapoiados, cabendo uma certa liberdade ao profissional nesta análise, como também sua responsabilização no caso de insucesso. Geralmente não é indicado aplicar pontes passando desapoiadas dos incisivos para os molares.[88]

Deve estar atendo para o estado das raízes que servem de fundação, como a necessidade de tratamento endodôntico e se estão abalados, o que seria motivo da contra-indicação da confecção da prótese fixa.

---

[87] LUTZ, Gualter Adolpho. **Erros e acidentes em odontologia**. Ed. Est. De Artes Graph..C.Mendes Junior. Rio de Janeiro, p.179,1938 .
[88] *Ibidem*, p. 183-184

No caso de pouco depois da colocação de uma ponte, um dos seus elementos cair, não é prova de imperícia, importando apenas reparar o defeito. Várias podem ser as causas. Primeiramente, se as raízes sobre as quais se apóia, estiverem abaladas ou destruídas.[89]

Em segundo lugar, deve-se analisar a qualidade do cimento odontológico utilizado, se foi colocado suficiente material ou a presença de bolhas de ar e finalmente, imperfeições da própria ponte.

A ponte deve ser perfeitamente adaptável, senão pode ocorrer a queda por infiltração de substâncias bucais ou resíduos de alimentos, ou se ela entrou forçada. A colocação de uma ponte que não se adapta perfeitamente, sem esforço e sem jogo aos elementos dentais da arcada, constitui imperícia.

Quando cai uma ponte ou prótese unitária (coroas), se não houver lesões de tecidos da boca nem fraude, a reparação ou substituição da mesma e a recolocação, nos parece suficiente.

Pode ser que o paciente invoque o prejuízo sofrido pela falta da prótese, principalmente quando for aparente. O prejuízo para a mastigação é difícil de demonstrar e será, geralmente, de baixo valor.[90]

Os tipos de metais usados nas próteses fixas e removíveis devem ser especificados e no caso de quebra das mesmas por má qualidade do material, deve-se analisar se foi o material escolhido pelo paciente e se foi dado as orientações e opções de escolha ao mesmo.

O paciente deve estar consciente de que seus elementos dentais terão que ser desgastados, muitas vezes, para a colocação das próteses sobre os mesmos, quando da confecção de próteses fixas.

---

[89] LUTZ, Gualter Adolpho. **Erros e acidentes em odontologia**. Ed. Est. De Artes Graph..C.Mendes Junior. Rio de Janeiro, p. 185, 1938.
[90] *Ibidem*, p. 186.

Quanto às próteses totais removíveis ou dentaduras, não se pode ter raízes por extrair sob a prótese. Os pacientes devem estar conscientes da probabilidade das mesmas não ficarem firmes nas arcadas superiores ou inferiores, devido a fatores como: reabsorção óssea, flacidez dos tecidos gengivais, presença de tuberosidades e outras deformações ósseas.

Os implantes foram inventados justamente pela insatisfação dos pacientes com as próteses totais. Não se pode esperar que uma prótese total venha a cumprir todos os requisitos esperados de quando o paciente possuía seus dentes naturais. Muitas pessoas esperam que a prótese lhes devolvam o que o tempo tomou, como um sorriso perfeito, uma aparência mais jovem.

O fato é que a falta de retenção de próteses totais por si só não demonstram a imperícia do dentista, mas deve ser levado em conta toda anatomia bucal existente. O profissional não pode prometer a retenção das mesmas, se é evidente que isto não pode ser conseguido com o estado de reabsorção óssea quando presente.

A colocação da dentadura geralmente traz decepção ao paciente. Quando é colocada logo após as extrações, têm a desvantagem ainda de que, com a reabsorção alveolar, a adaptação deixa de ser uniforme. O aborrecimento, frequentemente, também é de ordem psíquica e não somente material.

4.4 Endodontia

O tratamento endodôntico ocorre quando o comprometimento do dente chegou ao extremo. A destruição do tecido dental chegou a comprometer o nervo que fica em seu interior ou foi afetado devido a um trauma, uma pancada, por exemplo.

Muitas são as causas das afecções da polpa. Podem ser afetadas por traumatismos, abrasão, depósitos calcários dentro da câmara pulpar, obturações agindo sobre elas, correções ortodônticas, produtos químicos e do metabolismo microbiano, agentes térmicos, elétricos, parasitários. Podem provir ainda do perecimento ou ser consequência de doença geral.

Às vezes, não é fácil descobrir qual o dente no qual se origina a dor. Deve-se identificar através de testes de sensibilidade, como o térmico e radiológico, para não se tratar uma pulpite como se fosse uma cárie profunda.

Ao se dizer que foi feito o canal, quer-se dizer que foi retirado o nervo de dentro do dente, ou feito a limpeza dos restos do nervo que se deterioraram.

Somente após retirar todo o material, desinfetar e esperar o efeito do remédio colocado em seu interior é que o canal será preenchido com o material obturador. O tratamento deve ser feito com isolamento absoluto e de forma asséptica, evitando a contaminação do canal.

Geralmente o canal é preenchido com a guta-percha. O interior do canal não pode ficar vazio, senão, seria um lugar perfeito para a proliferação de bactérias, causando a formação de infecção e abscesso.

Ingle[91] determinou, através de um trabalho de avaliação dos tratamentos endodônticos, qual a percentagem de êxito desses tratamentos. Relacionando as causas de fracassos de tratamentos endodônticos, mostrou que 58% deles se deve à obturação incompleta dos condutos radiculares.

A endodontia lida com o limite do sucesso. Existem tratamentos endodônticos que têm perspectiva de 99% de sucesso, mas outros até 40%, mesmo nas mãos de profissionais especialistas (informação verbal).[92]

---

[91] INGLE, John I. In: FRANÇA, Beatriz Helena Sottile. **Responsabilidade Civil e Criminal do Cirurgião-Dentista**, 1993. Tese (Mestrado em Odontologia Legal e Deontologia) – Universidade Estadual de Campinas, Piracicaba, p. 18.
[92] Dados obtidos no Curso de Aperfeiçoamento de Endodontia na Associação dos Cirurgiões Dentistas de Campinas no segundo semestre de 2002.

O sucesso do tratamento depende muito da colaboração do paciente também, tanto tomando os remédios nos horários, quanto no aspecto psicológico, pois o tratamento endodôntico, quando se apresenta, é envolvido de muita dor e o paciente já está fragilizado emocionalmente.

Em certos casos não se consegue salvar as estruturas dentais muito danificadas, mas nem por isso pode-se pensar em indenização, pois o dente danificado seria como um paciente numa Unidade de Terapia Intensiva (UTI), onde o médico tenta salvá-lo, mas mesmo que não consiga, vale a pena tentar, e se mesmo utilizando toda a técnica corretamente não for possível, não se pode responsabilizar o profissional que fez tudo para salvar o elemento dental.

Cohen & Schwartz[93] fizeram uma pesquisa envolvendo a especialidade da endodontia e segundo o jornal, *The Dentist's Company of Califórnia*, discutiram as causas mais comuns dos erros, que são: diagnóstico errado ou falhas no diagnóstico; falta do uso do dique de borracha; instrumentos partidos; perfurações radiculares; falta de informação para o atendimento; falta de instruções pós-operatórias; falta de atendimento emergencial.

Pode ocorrer também infecções sérias durante as irrigações dos canais e aspirações de instrumentos pelo paciente, se não estiver presente o dique de borracha.

Silva e Calvielli,[94] segundo estudos realizados, os pesquisadores da odontologia não se preocuparam em apresentar pesquisas científicas destinadas a demonstrar, com finalidade jurídica, a imprevisibilidade das respostas biológicas a determinados tratamentos, entre eles, os tratamentos endodônticos.

---

[93]COHEN, S.; SCHWARTZ, *In*: FRANÇA, Beatriz Helena Sottile. **Responsabilidade Civil e Criminal do Cirurgião-Dentista,** 1993. Tese (Mestrado em Odontologia Legal e Deontologia) – Universidade Estadual de Campinas, Piracicaba, p.34.

[94]SILVA, Moacyr da; CALVIELLI, Ida, T.P. Aspectos éticos e legais do exercício da Odontologia. *In*: FRANÇA, Beatriz Helena Sottile. **Responsabilidade Civil e Criminal do Cirurgião-Dentista,** 1993. Tese (Mestrado em Odontologia Legal e Deontologia) – Universidade Estadual de Campinas, Piracicaba, p. 40.

Os autores discutem o que seria sucesso e insucesso em endodontia através da visão do perito, expondo que a afirmação de sucesso ou insucesso, muitas vezes, não têm a conotação jurídica que lhe poderia ser dada .

Paiva e Antoniazzi[95] observaram que apesar do resultado da terapia endodôntica ser avaliado pelas radiografias, este critério não é universal, pois as imagens radiográficas são apenas sugestivas. O critério radiográfico deve-se juntar ao critério clínico.

Weine, citado por Paiva e Antoniazzi, lembra que a restauração feita de modo inadequado é um fator de insucesso muito maior do que aqueles costumeiros da terapia endodôntica, mostrando em mesmo estando correto o tratamento endodôntico, podem ser perdidos os elementos dentais.

Age com culpa o dentista, também quando, na preparação de um canal provoca trepanação radicular, tanto pela falta de técnica, como pela interpretação radiográfica errada. Quando quebra o instrumento alargador no interior do conduto radicular, por excesso de uso ou outro motivo.

A não observância do isolamento pode causar também a aspiração da limas endodônticas pelo paciente. O instrumento pode seguir para as vias aéreas durante a inspiração ou ir parar no estômago. Nestes casos, o profissional responderá pelos danos.

4.5 Dentística estética e restauradora

A dentística é a especialização da odontologia que cuida do tratamento de maior frequência nos consultórios odontológicos, quais sejam, as restaurações, conhecidas como "obturações".

---

[95] PAIVA, J.G.; ANTONIAZZI, J.H. **Endodontia: Bases para a prática clínica** . São Paulo: Artes Médicas. cap. 28, p. 24,1988.

A cárie é uma das lesões mais comuns e a falta de seu diagnóstico é um dos erros mais grosseiros. Nos casos de cáries extensas pode ser necessária confecção de uma coroa ao invés de restauração. Se o profissional indicar a confecção e o paciente resolver fazer a restauração, não pode ser responsabilizado no caso de queda da mesma.

A ciência odontológica evoluiu muito e muitos materiais foram descobertos para que se fizesse a recuperação do dente danificado, da forma mais eficiente, funcional e esteticamente falando.

As antigas restaurações de amálgama de prata tinham mercúrio em sua composição, o que poderia causar contaminação no corpo do paciente, pois o mercúrio fica acumulado no organismo e não é eliminado. Há casos de alergia ao mercúrio, podendo levar ao óbito. Atualmente emprega-se matérias a base de resinas com coloração semelhante ao dente e de boa resistência.

Procuram-se os dentistas para trocar as velhas restaurações e sair com um sorriso quase original, onde é tão estética que quase não se nota a presença das restaurações. É possível fazer caracterizações, como em paciente fumantes, onde a cor é mais escura e apresenta certas manchas.

O dentista pode ser cobrado em sua falha de não conseguir imitar a estética natural. Muitas vezes o paciente volta ao consultório e o profissional refaz o serviço, se for possível.

O dano estético pode ser avaliado na odontologia através da perícia, levando-se em conta os aspectos estético, fonético e mastigatório do elemento dental prejudicado, como pode ser sintetizado pela tabela oferecida por Genival Veloso de França,[96] uma vez que sintetiza, de maneira muito clara, os elementos formadores do dano estético/moral:

---

[96] FRANÇA, G.V.de.**Medicina Legal**. 6ª ed. Ed. Guanabara Koogan, Rio de Janeiro, p. 141, 2001.

Valor estético, fonético e mastigatório dos dentes[97]

Peça dentária	Valor estético	Valor fonético	Valor mastigatório
Incisivo central	100	100	40
Incisivo lateral	90	90	40
Canino	80	80	70
1º pré-molar	70	50	60
2º pré-molar	60	40	70
1º molar	50	--	100
2º molar	40	--	90
3º molar	--	--	--

Está tabela demonstra que o terceiro molar não tem muito valor estético, fonético ou mastigatório, mas ele teria um valor protético alto, no caso de se poder realizar uma prótese para substituir os dentes ausentes.

Assim, Álvaro Dória,[98] para os 100% da função estética, propõe os seguintes valores para um hemi-arco (que representa apenas 25 % do total da arcada dentária):

---

[97] ARBENZ, G.O. *apud* FRANÇA, G.V.de. **Medicina Legal**. 6ª ed. Ed. Guanabara Koogan, Rio de Janeiro, p. 141, 2001.
[98] DÓRIA, Álvaro *In* ARBENZ, G.O. *apud* FRANÇA, G.V.de. **Medicina Legal**. 6ª ed. Ed. Guanabara Koogan, Rio de Janeiro, p. 141, 2001.

Peça dentária	Percentual estético
Incisivo central	6 %
Incisivo lateral	6 %
Canino	6 %
1º pré-molar	5 %
2º pré-molar	2 %
1º molar	0 %
2º molar	0 %
3º molar	0 %

Hentze,[99] para os 100% da integridade da função mastigatória de cada dente, estabelece os seguintes percentuais para um hemi-arco (que representa apenas 25 % do total da arcada dentária, o total sendo 25 % X 4 = 100 %):

Peça dentária	% funcional mastigatório
Incisivo central	1 %
Incisivo lateral	1 %
Canino	2 %
1º pré-molar	3 %

---

[99] HENTZE In ARBENZ apud FRANÇA, G.V.de.**Medicina Legal.** 6ª ed. Ed. Guanabara Koogan, Rio de Janeiro, p. 141, 2001.

2º pré-molar	3 %
1º molar	5 %
2º molar	5 %
3º molar	5 %

E quanto à função fonética, avalia-se em cada peça dentária uma perda percentual nos seguintes índices para um hemi-arco (que representa apenas 25 % do total da arcada dentária):

Peça dentária	Perda fonética
Incisivo central	8 %
Incisivo lateral	8 %
Canino	6 %
1º pré-molar	2 %
2º pré-molar	1 %
1º molar	0 %
2º molar	0 %
3º molar	0 %

Além dos aspectos tratados, pode-se ainda considerar a diminuição da função do dente na mastigação, pela não oclusão com o dente antagonista, chamado de coeficiente de antagonismo, chegando ao coeficiente de 50% do dente ausente.

Na prática, o que acontece, é que os peritos ao responderem aos quesitos da debilidade e perda funcional do dente, preocupam-se mais com os índices mastigatórios.

O princípio de que só os dentes anteriores é que possuem mais valor não é real atualmente, devido às várias técnicas de reabilitação existentes.

Inclusive o terceiro molar, como dissemos, agora tem seu valor, porque são essenciais para a confecção de próteses, funcionando como pilares.

Os dentes decíduos ou de "leite" devem ser restaurados e preservados, funcionando como guia para erupção do dente permanente e sua perda prematura pode acarretar o fechamento do espaço requerido para o dente permanente erupcionar.

Assim, chegamos à conclusão que a simples falta do contato oclusal dos dentes pode comprometer a saúde do mesmo, levando a sua perda no futuro, reiterando que a odontologia é uma profissão de detalhes e, o profissional que estiver desatento, poderá ser responsabilizado.

4.6 Cirurgia buco-maxilo-facial

A especialidade buco-maxilo-facial aproxima-se muito da Medicina. O cirurgião tem que ter conhecimentos aprofundados de várias matérias constantes da formação do médico.

Atua em pronto-socorros, UTIs, atendendo às vítimas de acidentes politraumatizadas, no que se refere às estruturas faciais e bucais.

Ocorrem muitas fraturas da mandíbula e maxila, necessitando que se faça contenção com pinos metálicos e amarrações com fios de aço inox, para reduzir-se a fratura e o paciente terá que ficar nesta situação por meses, até acontecer a solidificação do osso, alimentando-se quase sempre através de um canudo.

Atua também nas cirurgias restauradoras, quando é preciso reposicionar a maxila ou mandíbula que esteja muito protruída ou retruída, trabalhando juntamente com o ortodontista, determinando a nova posição na qual devem ser colocados os maxilares.

Os fundamentos legais para esta atuação estão no Código de Ética Odontológica, capítulo IX, "Da Odontologia Hospitalar", inserida na resolução CFO - 179/91 de 19-12-91, que afirma:

> Artigo 16: compete ao cirurgião-dentista internar e assistir paciente em hospitais públicos e privados, com e sem caráter filantrópico, respeitadas as normas técnico-adimistrativas das instituições.
>
> Artigo 17: as atividades odontológicas exercidas em hospital obedecerão às normas do Conselho Federal.
>
> Artigo 18: constitui infração ética, mesmo em ambiente hospitalar, executar intervenção cirúrgica fora do âmbito da Odontologia

O art. 41 da Resolução n. 185, de 26 de abril de 1996 do Conselho Federal de Odontologia define a especialidade:

> Art. 41. Cirurgia e Traumatologia Buco-Maxilo-Faciais é a especialidade que tem como objetivo o diagnóstico e o tratamento cirúrgico e coadjuvante das doenças, traumatismos, lesões e anomalias congênitas e adquiridas do aparelho mastigatório e anexos, e estruturas crânio-faciais associadas.

Existe uma dúvida quanto ao campo de atuação destes especialistas e dos médicos, pois existe uma especialidade médica intitulada Cirurgia Craniofacial, além dos cirurgiões plásticos que começaram a invadir a área de cirurgia buco-maxilo-facial.

A resolução 185/93 que se encontra no anexo C, traz na íntegra os artigos que estabelecem a participação de médicos atuando em conjunto com o especialista buco-maxilo-facial e nos arts. 43 a 49, estabelecem os limites de atuação e campos de cooperação entre estes profissionais.

Como já mencionando anteriormente, o cirurgião buco-maxilo-facial tem uma obrigação de meio, pois se compromete a usar de toda sua perícia e técnica para tentar salvar as estruturas faciais do paciente, mas não se obrigando com o resultado.

Assim como as cirurgias plásticas não são obrigações de resultado, como é do conhecimento da classe médico-científica, mas caso as técnicas não forem usadas corretamente e vir a ocorrer algum problema, o profissional também poderá ser responsabilizado por dano estético e moral.

Estudos mostram que a pele pode reagir de várias formas, dependendo de cada indivíduo, ficando muitas vezes, com cicatrizes mais ou menos grossas e avermelhadas, deixando um aspecto antiestético na fase de cicatrização (informação verbal).[100]

O cirurgião pode ser responsabilizado por dano estético se agir com imprudência, negligência e imperícia ao cuidar do paciente, e responderá pelos danos causados, se for provado seu erro.

Em caso de extrações desnecessárias de dentes, mesmo com consentimento do paciente e por escrito, o cirurgião-dentista estará cometendo falta grave do ponto de vista legal e moral.[101]

Age com culpa também quando provoca fratura e luxação mandibular quando da extração de um dente retido ou impactado. Deve-se ter atenção no pós-cirúrgico observando-se o aparecimento de abscessos e outras doenças degenerativas.

---

[100] KFOURI NETO, Miguel. In: **SIMPÓSIO SOBRE A RESPONSABILIDADE CIVIL E CRIMINAL DO MÉDICO.** Campinas, São Paulo: 2002.
[101] **Código de Ética Odontológico**, art. 3, I. Resolução CFO 179/91, de 19/1/91. **Conselho Federal de Odontologia**, Rio de Janeiro.

As extrações dentárias, embora sejam feitas de maneira não muito demorada, é um ato irreversível e carece do consentimento do paciente e de uma indicação que justifique tal procedimento.[102]

A extração de um dente sem o consentimento do paciente, poderá caracterizar uma lesão corporal do ponto de vista penal e civil. Existe também a possibilidade da extração de um dente, e a abstenção do profissional pode causar o aumento e alastramento de uma infecção, necessitando posteriormente de uma intervenção cirúrgica de maiores proporções.[103]

É melhor obter o consentimento por escrito e fazer-se exames radiográficos antes do procedimento, evitando extrações de dentes errados e de erros de diagnóstico. Existem casos de molares com cimentose soldando as raízes de uns com os vizinhos, e ao extraí-lo ocorre de sair dois dentes, ao invés de um.[104]

Há pacientes que devido à dor preferem a extração a sujeitar-se a um tratamento conservador, como o tratamento endodôntico, onde nos casos de pulpite, requer várias sessões de tratamento e gastos monetários, e muitas vezes, com resultado inseguro. O dentista que atende a vontade do paciente, nestes casos, não justificaria um processo penal ou civil.[105]

As extrações são contra indicadas em pacientes hemofílicos, devido à probabilidade de uma hemorragia. Ocorrem hemorragias profusas também devido à ruptura da artéria dentária inferior e pela extração de um dente ligado a um angioma.[106]

Um dente que escape do fórceps ou uma alavanca direcionada em direção à faringe pode causar a deglutição do dente extraído, podendo causar fechamento da glote ou mesmo ir para os pulmões.[107]

---

[102] LUTZ, Gualter Adolpho. **Erros e acidentes em odontologia**. Ed. Est. De Artes Graph.C.Mendes Junior. Rio de Janeiro, p.82, 1938.
[103] *Ibidem*, p.85.
[104] *Ibidem*, p.88.
[105] *Ibidem*, p.91.
[106] *Ibidem*, p. 101.
[107] *Ibidem*, p. 104.

Força excessiva pode ocasionar traumatismos alveolares e se escorregar, pode lesionar a língua, bochechas, palato ou soalho da boca. Ocorrem fraturas da mandíbula ou maxilar, necessitando de contenção cirúrgica posterior, o que requer vários meses de tratamento. [108]

A extração pode ocasionar a lesão de nervos como o alveolar inferior, situado próximo do terceiro molar inferior, podendo causar a paralisia facial após o procedimento.

Uma infecção dental pode progredir para um fleimão e para uma ósteo-mielite, que ao invadir tecido ósseo, pode causar a sua mortificação, podendo originar-se de uma extração incompleta, quando se faz uma extração de dente incluso em região de uma ósteo-mielite existente ou quando a cavidade resultante de uma extração se infecta e propaga a infecção a maiores extensões ósseas, o que demonstra a grande responsabilidade do profissional ao realizar uma extração que aparentemente é fácil.[109]

O cirurgião-dentista não deve se deixar coagir a extrair um dente, simplesmente guiado pela indicação do paciente, pois sua dor pode ser originária de outros processos infecciosos que causem aquela sensibilidade e ao extrair o dente, ficará surpreso que a dor continua.

4.7 Periodontia

Esta especialidade tem se difundido muito nos países mais desenvolvidos, onde apesar de não se fazer extrações dentárias desnecessárias, devido somente à presença de cáries e utilizar-se de todos os recursos disponíveis para salvar os dentes, existe o problema da presença das doenças periodontais.

Essas doenças estão ligadas a vários fatores como estresse, a má escovação dentária, idade avançada e outros fatores.

---

[108] LUTZ, Gualter Adolpho. **Erros e acidentes em odontologia**. Ed. Est. De Artes Graph.C.Mendes Junior. Rio de Janeiro, p.110, 1938.
[109] *Ibidem,* p.131.

Como toda especialidade odontológica, a periodontia possui suas técnicas e normas científicas no combate às lesões que se localizam no periodonto, ou seja, no espaço que fica no limite entre o dente e a gengiva.

Nas cirurgias para reparação de tecido gengival que sofreu reabsorção, por exemplo, existe toda uma técnica e cuidados para corte do retalho que será usado para cobrir o elemento dental.

No tratamento das infecções, deve-se ter o conhecimento e domínio das medicações para alcançar a cura das mesmas, juntamente com a limpeza dos tártaros e demais materiais orgânicos que se depositam no periodonto.

Por vezes o paciente apresenta todos os elementos dentais amolecidos devido a uma doença periodontal e o profissional deverá usar de todo o seu conhecimento para tentar restabelecer a saúde bucal, mas não se trata também de uma obrigação de resultado.

Se o profissional usa de toda técnica corretamente e faz tudo que é possível, dentro das normas da periodontia, não assumindo uma obrigação de resultado, exime-se de ser responsabilizado por dano estético.

Age com culpa quando não remove corretamente os cálculos e não esclarece ao paciente a importância de sua participação para o futuro controle da placa bacteriana, essencial para a prevenção da estrutura dental.

O profissional deve alertar o paciente sobre a mobilidade excessiva dos dentes e indicar o tratamento no próprio consultório ou indicando a um especialista.

A periodontia tem trabalhado juntamente com a especialidade de implantodontia, no processo de cicatrização dos implantes, preocupando-se com a higiene e prevenindo a formação de infecções em volta do implante.

4.8 Radiologia odontológica

Existem muitas clínicas radiológicas especializadas em odontologia nos dias atuais. Possuem aparelhos para radiografia panorâmica, para se ter uma visão de todos os dentes em uma única radiografia; telerradiografia, usada para análise dos ângulos e posicionamento dos dentes com relação aos pontos craniométricos, usada na ortodontia e realizam também, dentre outras, a radiografia periapical, de um dente ou grupo de dentes adjacentes, sendo as mais comuns.

Todos esses tipos visam facilitar e auxiliar o dentista a diagnosticar e fazer o planejamento do tratamento, identificando, por exemplo, a presença de cáries, a necessidade de se fazer um tratamento endodôntico ou não, existência de infecções, fraturas etc. É de vital importância no tratamento endodôntico, onde são feitas várias radiografias, geralmente nos consultórios, onde é de praxe haver um aparelho de raios X.

Tamburus[110] fez uma análise radiográfica das obturações de condutos radiculares classificando-as como sucesso ou insucesso. O autor conclui que muitos insucessos endodônticos têm sido de falhas técnicas que a radiografia, como método de informação de diagnóstico, apresentava.

O profissional da radiologia odontológica, usando de equipamentos sofisticados e técnicas de revelação radiográfica, de acordo com as normas técnicas dos mesmos, devem dar suporte e um diagnóstico para um correto tratamento.

Muitas vezes, as radiografias apresentam-se distorcidas ou os diagnósticos estão errados, fazendo com que os profissionais da odontologia cometam um erro.

---

[110]TAMBURUS, J.R. **Pesquisa radiográfica dos sucessos e insucessos do tratamento endodôntico.** In: Revista da . Associação Paulista de Cirurgiões Dentistas. V. 37, n.1, jan/fev. 1983.

Nestes casos, comprovando-se a negligência, imperícia, ou imprudência dos profissionais da radiologia odontológica, estarão sujeitos a responder por um processo de danos civis, em decorrência do dano estético que outros profissionais causem em seus pacientes, sendo através de uma ação direta ou por via de regresso do outro profissional prejudicado.

Atualmente vários convênios odontológicos requerem as radiografias iniciais e finais de cada procedimento, inclusive das restaurações, exigindo um uso excessivo de radiografias no consultório, mesmo para procedimentos simples como restaurações.

Por isso, faz-se necessário o uso de avental plumbífero para o paciente e para o profissional, que está exposto à radiação diariamente, tendo de preferência, um biombo com proteção de chumbo.

Age com culpa quando emprega técnica não apropriada ou não cuida da boa qualidade da revelação radiográfica, induzindo a um falso diagnóstico.

4.9 Patologia bucal /semiologia

Ao iniciar um tratamento, na anamnese são feitas várias perguntas ao paciente sobre sua saúde geral. Se teve doenças como hepatite, se é cardíaco, se apresenta pressão alta etc. Posteriormente é feito o exame clínico da cavidade bucal, onde são analisados, entre outras coisas, os tecidos bucais, se há lesões, traumas provocados por algum movimento repetitivo.

A patologia estuda as doenças que podem agir na mucosa bucal e estruturas ósseas e são inúmeras, como: herpes, tumores malignos e benignos, doenças das glândulas salivares, dentre outras.

A semiologia, complementando o estudo das doenças, preocupa-se com seus sintomas e sinais. A existência de manchas na boca, crescimento anormal de tecidos, fissuras; tudo isso deve ser verificado.

O cirurgião clínico geral deve identificar na anamnese em seu consultório, manchas avermelhadas ou arroxeadas na mucosa bucal do paciente e identificá-las como possíveis doenças.

Deve acautelar-se, observando se tem alguma origem traumática, como uso de próteses, uso contínuo de cigarros, tomar bebidas muito quentes freqüentemente, como o chimarrão no sul do Brasil, entre outras causas que causem um traumatismo constante.

É dever também do profissional encaminhar esses pacientes para um especialista, pois são os clínicos gerais que têm a oportunidade de primeiro observar estas lesões em seus pacientes, devendo preveni-los da importância de um exame mais apurado, como a biópsia.

O profissional também pode ser responsabilizado por dano estético se por negligência não observar a lesão e se ela crescer, causando um dano maior ao paciente.

Age com culpa quando fixa diagnóstico errado na identificação de uma lesão.

4.10 Odontopediatria

É a odontologia voltada ao tratamento odontológico das crianças, trabalhando com a prevenção de cáries através da educação sobre a correta escovação, uso de selantes nos dentes, uso de aparelhos mantenedores de espaço, dentre outros.

Antigamente, extraía-se muito os dentes "de leite", porque como iria nascer outro dente, não havia a necessidade de tratar o dente que seria trocado.

Hoje se sabe da importância de preservar-se também os dentes decíduos, mantendo o espaço para a erupção do dente permanente e servindo de guia.

Existe um preparo anterior, feito através de consultas preparatórias, para as crianças familiarizarem-se com o consultório e os tratamentos.

As técnicas de endodontia e de prótese podem recuperar dentes comprometidos, e se não for orientado nesse sentido, o dentista pode ser responsabilizado no caso de extração desnecessária.

Os dentes decíduos ou de leite, devem ser mantidos na arcada dentária até a idade correta, para que sirva de orientação para a irrupção do dente permanente.

Age com culpa quando condena um elemento dental temporário ao invés de restaurá-lo, pois serviria de guia para o posicionamento do sucessor permanente; na extração de dentes temporários destruídos, mas com chance de recuperação através de prótese, provocando posterior distúrbio de oclusão na dentição permanente da criança etc.

Esses exemplos podem ser questionados como dano estético, se houve negligência, imprudência ou imperícia do dentista, extraindo um dente desnecessariamente sem tentar salvá-lo ou não indicando o paciente para um especialista. Só cabe dano estético se o profissional não agiu cumprindo todas as normas e técnicas da profissão e se não assumiu uma obrigação de resultado.

Como exemplos de erros em odontopediatria também podemos citar as manchas nos dentes por aplicação excessiva de flúor, danos estéticos vários, como: obstrução da fala, necessidade do uso de aparelhos corretivos e a sua não indicação, ingestão de flúor pela falta do uso do sugador e da moldeira, restaurações com a dimensão vertical muito alta, dificultando a oclusão e podendo comprometer o dente permanente em formação etc.

A ingestão de flúor por ocasião da aplicação sem uso de moldeiras ou sugador, pode levar ao óbito, por ser substância tóxica.

4.11 Anestesia odontológica

Os cirurgiões-dentistas brasileiros estão habilitados para a anestesia tópica, isto é, anestesia local, troncular ou regionais, além do uso de anestésicos em pomadas, anestésicos em spray e gargarejos.

Quando o paciente chega ao consultório já adulto, normalmente já tomou anestesia várias vezes, mas mesmo assim é necessário fazer-se uma anamnese, ou seja, um questionário, perguntando diversos detalhes da saúde da pessoa.

Perguntar se é alérgico a algum medicamento, se tem problema cardíaco, se sofre de alguma doença crônica, se tem diabete, hemorragia etc. No caso de mulher, se está grávida, se está amamentando etc.

Além de todos esses detalhes deve-se levar em conta a parte psicológica do paciente: se sofre desmaios, se fica muito nervoso, pois a anestesia durará menos tempo, o que tem como conseqüência, um efeito anestésico de menor tempo, e aplicação de maior quantidade de anestésico.

Todos estes detalhes devem ser observados, inclusive deve o profissional possuir um aparelho de ressuscitação, isto é, um aparelho de oxigênio no caso de desmaio. O paciente deve assinar o questionário ao final, comprovando a prudência do profissional.

Existe um limite também de tubetes de anestésico que podem ser aplicados, de acordo com o fabricante, que vem estipulado na bula do produto.

Caso esses passos não forem tomados e ocorrer algum problema, o profissional também poderá ser responsabilizado por dano estético e moral.

Os aspectos jurídicos relativos à anestesia e seus efeitos são tratados pela lei 1.314 de 17 de janeiro de 1951, atribuindo ao dentista o direito de estabelecer o tratamento e o art. 129, § 1º, item II do Código Penal, onde se trata da lesão corporal de natureza grave, causando perigo de vida, incluindo-se neste artigo, o choque anafilático em decorrência da aplicação de anestesia.

Dificilmente ocorrerá com a anestesia local, comumente aplicada no consultório odontológico, sendo de maior possibilidade nas cirurgias em hospitais, onde seja necessária uma anestesia geral do paciente.

Como conseqüência da anestesia através de injeção podem ocorrer moléstias como: infecção, lesões no local da injeção, ruptura da agulha, lesões atribuídas ao efeito tóxico das substâncias injetadas.

No caso das infecções, deve-se ter uma boa assepsia do local para evitá-las. As agulhas e os tubetes são descartáveis e não devem ser reutilizados. No caso de sobrar líquido dentro dos tubetes, não deve ser reutilizado, pois pode ser veículo transmissor de doenças e de infecção de um paciente ao outro.

Não se deve também aplicar anestesia em tecidos infectados, o que poderá causar a disseminação da infecção para a corrente sanguínea e tecidos vizinhos do local. Se for possível, faz-se a aplicação troncular ou regional, ou então, o paciente será medicado e somente após o retrocesso da infecção atuará no local.

Existem acidentes devido a erros na técnica de aplicação das injeções. Uma conseqüência possível é a formação de um hematoma, devido ao rompimento de pequenos vasos, inclusive daqueles que irrigam os músculos, podendo ocasionar o trismo, por ocasião da anestesia troncular. [111]

Além de hemorragia, com conseqüente dor e tumefação, podem surgir úlceras, devido à necrose do tecido injetado, ocorrendo mais na fibro-mucosa palatina, sendo dolorosas e de difícil cicatrização.[112]

A agulha pode quebrar nos tecidos da boca e se não for possível sua remoção, será necessária uma cirurgia. Este tipo de acidente é raro, devido ao uso de agulhas descartáveis.

Sintomas como palidez passageira, mal estar, taquicardia, síncope, são comuns após a aplicação de anestesia, podendo levar até ao desmaio. A morte na cadeira do dentista é rara, e estaria mais ligado a problemas cardíacos do paciente, o que deve ser averiguado por ocasião da anamnese feita antes de qualquer procedimento.[113]

As agulhas podem ocasionar lesões de nervos, principalmente na região de terceiros molares inferiores, ou dente do siso. Anestesias no soalho da boca podem atingir o nervo lingual, podendo ocasionar forte dor, tumefação do bordo correspondente da língua, ou mesmo o trismo e a necrose dos tecidos moles.[114]

A anestesia regional da hemi-mandíbula pode comprometer o nervo facial, surgindo parestesias e paralisias passageiras ou de longa duração.[115]

4.12 Odontologia social

A odontologia social ocupa-se com a saúde bucal da população. Faz avaliações nas escolas para saber o índice de dentes afetados nas crianças, analisando estatisticamente os dentes cariados, perdidos ou obturados.

---

[111] LUTZ, Gualter Adolpho. **Erros e acidentes em odontologia**. Ed. Est. De Artes Graph.C.Mendes Junior. Rio de Janeiro, 1938, p. 65.
[112] *Ibidem*, p. 67.
[113] *Ibidem*, p.73.
[114] *Ibidem*, p. 80.
[115] *Ibidem*, p. 81.

As crianças possuem uma maior incidência do número de cáries e neste trabalho de prevenção, os profissionais trabalham conjuntamente com as prefeituras para a fluoretação da água potável a ser consumida, sendo um modo excelente de prevenção de cáries.

Acontece que se o profissional errar na quantidade da concentração de flúor, pode causar fluorose, com conseqüentes manchas acinzentadas nos dentes, intoxicações e até levar ao óbito.

4.13 Estomatologia

Esta especialidade trata das doenças próprias da boca e estruturas anexas, inclusive manifestações bucais de doenças sistêmicas que possam interferir no tratamento.

Trata da prevenção, diagnóstico e prognóstico, revestindo-se de obrigação de meio com relação à prevenção e diagnóstico, podendo ser de resultado com relação à realização dos exames complementares.

5 O SEGURO POR DANOS MORAIS E MATERIAIS

O problema de ações judiciais contra os dentistas tem se alastrado de tal forma, que mediante a iniciativa da Associação dos Dentistas do Estado de São Paulo, está sendo oferecido atualmente aos profissionais, um seguro de responsabilidade civil, juntamente ao boleto da contribuição mensal para que o profissional, não venha a perder o que ganhou durante anos de trabalho, num único erro odontológico, que muitas vezes, esteja até estatisticamente comprovado, que ocorre com freqüência, como o caso de insucessos em tratamentos endodônticos, vulgarmente chamado tratamento de canal.

Este seguro já é uma prática rotineira em outros países, como nos Estados Unidos. Conrad[116] et al relata que mais de 95% dos cirurgiões-dentistas dos Estados Unidos da América do Norte têm seguro de responsabilidade profissional.

O seguro baseia-se nos mesmos princípios de outros seguros. A contribuição de um grande número de indivíduos para cobrir eventuais indenizações resultantes do erro de algum dos contribuintes, como uma forma de minimizar os efeitos de uma indenização, esperando-se que ela ocorra esporadicamente, para não extinguir o fundo.

Acreditamos que o erro está presente nas mais diversas áreas profissionais, e que na história de todo indivíduo, dificilmente alguém possa, analisando sua consciência, dizer que nunca errou e que , certamente, algum trabalho poderia ter ficado melhor.

---

[116] CONRAD, D.A et al. Malpractice premius in 1992: Results of a National Survey of Dentists J. Am. Dent. Assoc. 126(7): 1045-1056, jul. 1995. *In*: FRANÇA, B.H. S. *1998*. Tese (Doutorado em Odontologia Legal e Deontologia).**O seguro de Responsabilidade Civil Profissional do Cirurgião-Dentista**, p.95.

Esta busca da perfeição é inerente à natureza humana e o homem está sempre evoluindo, procurando novas técnicas que assegurem um maior índice de sucesso nos tratamentos.

Mesmo os acessórios revolucionários como a microscopia eletrônica para os tratamentos endodônticos, como as técnicas ortodônticas que usam forças minimizadas, estão sujeitos ao insucesso.

E é através da análise dessas técnicas e procedimentos empregados que o profissional será analisado no caso de um processo judicial.

Este seguro visa não permitir que o cirurgião-dentista, fique ameaçado no seu dia a dia, a ter que pagar uma indenização, onde apesar de ter agido com rigor na técnica empregada, mesmo assim, seja condenado pelo insucesso ou erro.

A realidade do Brasil hoje é que muitos clínicos gerais cobram cerca de 30 reais para fazer uma extração dentária e tem-se praticado muitos preços populares para que a população possa ter acesso ao tratamento odontológico.

Nosso país tem a fama de ser um país de desdentados, apesar do grande número de dentistas, chegando até a ser maior do que o recomendado pela Organização Mundial de Saúde (OMS).

Agora, isso não impede de indenizações altíssimas serem estipuladas, sendo de praxe indenizações no valor de 20 mil reais, valor que requer muito tempo de trabalho para ser ganho, em um consultório dentário que atende a classe média para baixo.

Então, esses processos judiciais alertam ao profissional, que tem que se resguardar. Deve ter toda a documentação, arquivos e uma secretária para ajudar na parte burocrática, além dos equipamentos e aparelhos, como os de raios X, fora o custo com o seguro de responsabilidade,

encarecendo ainda mais o tratamento odontológico.

Mas o profissional, mesmo tomando essas cautelas tem que ser alertado, pois esses seguros não cobrem todas as indenizações e têm seus limites.

Excluem expressamente a cobertura por danos estéticos, uso de técnicas experimentais ou medicamentos não autorizados, intervenções proibidas, danos advindos da quebra de sigilo profissional e tratamentos radiológicos e quimioterápicos, dentre outros.

Ocorre que muitos profissionais atuam como empregados de empresas prestadoras de serviços e estas empresas não possuem seguro e não há como o profissional cobrar dos pacientes a mais para fazer o seguro. Para tornar economicamente viável o seguro, haveria de ser encontrada equação capaz de torná-lo obrigatório.

Entendemos que vai se tornar obrigatório aqui no Brasil também, a partir do momento que as leis tornem concretas para as companhias de seguro, o que estaria incluído na expressão "dano moral" e até que ponto o paciente pode valer-se do Código de Defesa do Consumidor, senão seria uma quantidade enorme de processos e de indenizações que nenhuma companhia poderia suportar, e talvez por isso, até hoje, não tenha sido muito difundido os seguros de responsabilidade civis.

Ressaltamos que autores como Genival Veloso França[117] e Miguel Kfouri Neto[118] elencam, algumas vantagens do seguro de responsabilidade civil profissional, como :

- Melhor modalidade de liquidação de danos;
- Melhorar a condição de liberdade e segurança no trabalho;
- Assegurar o equilíbrio social e a ordem pública;
- Melhor forma de justiça social;
- Melhor forma de previdência propriamente dita;
- Livrar médico e paciente de processos penosos e demorados;
- Evitar explorações, ruínas, injustiças e iniqüidades;
- Independe da situação econômica do causador do dano;
- Corrigir o aviltamento patrimonial da vítima;
- Contribuir com o superávit do sistema em programas de prevenção do dano;
- Estimular a solidariedade social;
- Apresenta falhas, mas tem o maior número de benefícios e vantagens;
- Corrige o fato de o paciente ser totalmente esquecido e o médico falsamente lembrado.

A adoção do seguro não resolve o problema. Apenas minimiza suas conseqüências. Não é

---

[117] FRANÇA, Genival Veloso de. **Direito Médico**. 6. ed. São Paulo : Fundo Editorial BYK-Procienx, 1994.
[118] KFOURI NETO, Miguel. **Responsabilidade Civil do Médico**. São Paulo: Ed. Revista dos Tribunais: 4ª ed., p. 27 1999.

possível adotar os padrões norte-americanos aqui, pois são realidades diferentes.

O próprio Miguel Kfouri,[119] em sua obra, comenta:

> Assim, o sistema se equilibra de modo frágil: os lesados ainda pouco buscam reparar danos que lhes são causados pelos profissionais da medicina; os médicos, quando demandados tentam à outrance defender-se, atribuindo à fatalidade o evento danoso; os hospitais, por sua vez, nem sempre dispõem de recursos para satisfazer as indenizações ou, em relação aos médicos que integram seu corpo clínico, enfatizam que a responsabilidade é sempre pessoal do médico, que não há vínculo, e outras alegações pelo jaez.

O professor Gustavo Tepedino[120] diz que não é da tradição brasileira contratar seguros de responsabilidade civil pelo médico ou pelos hospitais, talvez pelo fato dos montantes das indenizações impostas pelo Judiciário ainda não representarem uma ameaça à atividade profissional, o que pode ser aplicado também com relação ao profissional da odontologia.

Existem vários tipos de apólices, cobrindo os atos de auxiliares e outros funcionários do consultório ou somente os atos do dentista. É sempre melhor aquele que tenha uma cobertura mais abrangente. O seguro paga um certo valor por apólice, mesmo que haja mais de uma ocorrência no mesmo período.

Entendo que as maiores desvantagens neste seguro são: como conseqüência da disseminação do uso do seguro de má prática, é possível que venha a ocorrer um aumento na incidência de litígios judiciais e de condenações a dentistas, sob o argumento de que quem em verdade irá pagar a indenização é a seguradora.

O seguro não cobre as conseqüências éticas e penais que o profissional pode sofrer. Nem mesmo as que a publicidade de seu erro possa trazer à sua clientela, o que pesa muito numa profissão onde é feita a indicação de um cliente ao outro.

A Constituição Federal autoriza a cumulação de indenizações por danos materiais e morais, decorrentes do mesmo fato. As condenações decorrentes destes são, inclusive, maiores do que as indenizações por danos materiais.

---

[119] *Ibidem*, p.25.
[120] TEPEDINO, Gustavo. Temas de Direito Civil. Rio de Janeiro, Editora Renovar, 2a edição, 2001.

Mas hoje em dia começam a surgir seguros de responsabilidade civil com cobertura para dano moral, como por exemplo, os profissionais das Associações dos Cirurgiões Dentistas do Estado de São Paulo, que pagam em dia as mensalidades, têm direito a um seguro de cem mil reais, sendo cinqüenta mil, o teto para indenização por dano moral.

Conforme já mencionado anteriormente, a forma de financiamento do seguro teria também o efeito colateral de elevar o custo dos serviços odontológicos, já que teria de ser repassado ao consumidor final, o paciente, usuário dos serviços de saúde, que via de regra já são caros ou inadequados.

O profissional que possua vários empregos está mais propenso ao erro devido a uma sobrecarga de trabalho, em virtude da natural perda de reflexos e desgaste corporal. Possuindo seguro, está ele convicto de que não corre riscos, ou que estes são mínimos.

Pode-se dizer que o seguro criaria uma indústria de indenizações no Brasil, mas por outra parte, isto obrigaria a uma constante reciclagem e atualização dos conhecimentos odontológicos, bem como a um aperfeiçoamento das instituições prestadoras de serviços comprometidas com o padrão de qualidade.

O brasileiro não tem tradição de contratar seguros, mas isto está mudando . Há que se premiar os bons e fazer julgar os maus profissionais pelos seus pares, afastando-os da função.

O profissional é procurado por seu grau de especialização, por indicação de outros pacientes e nunca o paciente pergunta se o cirurgião-dentista possui seguro de responsabilidade civil. Portanto, o argumento de que o seguro separaria os bons dos maus profissionais, por conta de uma natural seletividade na própria contratação do produto, é um exagero.

Possuir uma apólice de seguro não é garantia de que o tratamento é garantido, e até ao contrário, poderia inclusive demonstrar a eventual insegurança do dentista que estaria a assumir uma atitude defensiva.

Deseja-se buscar a eliminação do erro odontológico punível, e não paliativo para evitar a falência dos dentistas que venham a sofrer um processo judicial. É diferente o erro odontológico punível decorrente de omissão, imperícia, negligência ou imprudência, do erro humano, que decorre da própria condição falível da pessoa.

Este último é imprevisível e aquele primeiro pode e deve ser evitado, sejam através de cursos de aperfeiçoamento ou especialização, do uso de melhores materiais e equipamentos, como no tratamento endodôntico o uso do aparelho localizador apical, ou o uso de uma nova técnica ortodôntica, com forças mais suaves de movimentação dental, conscientização profissional etc.

6 PESQUISA FEITA NO JUIZADO ESPECIAL CÍVEL

Nesta pesquisa foram coletados dados a respeito do número de processos contra cirurgiões-dentistas no Juizado Especial Cível de Campinas-São Paulo - Anexo Universidade Paulista (UNIP).

Foram verificados os processos desde o seu início de funcionamento no ano de 2000 até o período de julho de 2003. O presente levantamento tem como objetivo ver se a procura por indenizações por parte dos consumidores tem aumentado no decorrer desses anos, tendo em vista que o acesso ao Juizado é gratuito, justamente para que eles encontrem suas lides satisfeitas sem ter que arcar com despesas com o processo jurídico.

Foram coletados alguns dados básicos de cada ano, ou seja:

1) Número de processos por ano;

2) Tipos de processo (indenização, danos morais etc);

3) Especialidades odontológicas envolvidas;

4) Valor médio das indenizações;

5) Se houve conciliação ou foi necessária audiência de instrução e julgamento.

Com relação aos valores, lembramos que nos juizados cíveis são aceitas lides cujas indenizações não ultrapassem o valor de 40 salários mínimos.

Em seu primeiro ano de funcionamento, ano de 2000, ocorreram cerca de 3487 processos, sendo que referentes aos profissionais odontólogos e clínicas odontológicas foram cerca de seis processos, o que estatisticamente dá uma porcentagem muito baixa de 0,17 % do total de demandas, o que é algo inexpressivo diante do grande número de dentistas e da população em geral que procura seus serviços.

Desses seis processos três eram de danos morais, dois pedindo desconstituição de contrato no caso de tratamentos ortodônticos e um de cobrança.

Em sua maioria foram todos resolvidos nas sessões de conciliação, feitas com conciliadores e homologados os acordos pelos magistrados.

Isso demonstra que foram poucas as lides que chegaram ao Judiciário e mesmo as que chegaram, foram feitos acordos.

No ano de 2001, deram entrada 5641 processos, sendo referentes às lides com cirurgiões-dentistas, cerca de cinco processos.

Desse total, três referiam-se novamente a desconstituição de contrato em tratamentos ortodônticos, uma condenação em dinheiro, uma obrigação de fazer e outra desconstituição de contrato com devolução em dinheiro.

Desses cinco, três eram contra convênios com clínicas odontológicas, sendo em sua maior parte da especialidade de ortodontia. Em sua maioria foram conciliados antes da audiência de instrução e julgamento e os valores giraram em torno de um mil reais.

No ano de 2002 foram cerca de 7845 processos, sendo cerca de seis processos referentes a tratamentos odontológicos.

Desse montante dois referiam-se à desconstituição de contratos referentes a tratamentos ortodônticos e três devoluções de quantias pagas. Foram feitos acordos conciliatórios em três processos e outros três foram para audiência de instrução e julgamento. As indenizações, quando ocorreram não ultrapassaram um mil reais, mesmo em casos onde era pedido o teto de 40 salários mínimos.

Um processo tratou da especialidade de prótese, onde foi confeccionada uma prótese removível inferior, mas a paciente não pode usá-la por mais de três meses, devido a um problema periodontal que possuía num canino inferior. Tendo entrado com o processo, foi resolvido ainda na conciliação tendo sido devolvidos cerca de 200 reais, mas tendo que devolver a prótese também.

O interessante, neste caso, é que o profissional que confeccionou a prótese cobrou um valor bem abaixo que seria cerca de 400 reais num clínico geral, de acordo com tabela da ACDC, podendo chegar a 1000 reais num especialista de prótese, onde o preço leva em conta, principalmente, o renome do profissional.

A devolução da prótese ao dentista não lhe compensa em nada o trabalho, pois as próteses são confeccionadas individualmente. Está prótese será inutilizada e não restituirá em nada o gasto do profissional. A devolução é para, além de ter o dinheiro de volta, a paciente ainda não usufruir da mesma.

Muitas vezes, a realidade sócio-econômica do brasileiro, leva- o ao dentista, já com os elementos bastante danificados. Dentre os tratamentos disponíveis como implantes e próteses fixas, acaba optando pela mais em conta, ou seja, a prótese removível, mas muitas pessoas não se adaptam a elas.

Qual seria o procedimento correto então? O profissional deveria radiografar todos os elementos dentários da paciente para ver se possui algumas reabsorções e/ou comprometimentos ósseos não visíveis a olho nu. Deveria fazer a paciente assinar a indicação dos vários tratamentos melhores que não aceitou, por motivos financeiros e guardar toda a documentação.

Se a paciente, ciente de sua reabsorção óssea optasse pela confecção da prótese e depois não conseguisse usá-la, o profissional estaria resguardado. Mas a população menos favorecida que procura tratamento com prótese, que já perdeu vários elementos dentários, muitas vezes, não tem condições nem de fazer um exame radiográfico completo, com radiografias panorâmicas que custam cerca de 60 reais, ou um terço do valor da prótese que pagou.

Entendemos que os fatores sócio-econômicos da população, o nível econômico do paciente que procura fazer o tratamento mais em conta, mesmo não sendo o mais indicado e o fato do profissional não cobrar o preço de um especialista, sejam levados em consideração para a apuração da culpa do profissional.

No ano de 2003 até o mês de julho, foram cerca de 2249 processos, sendo sete contra clínicas e profissionais da área da odontologia.

Num dos casos, após ter sido confeccionada uma prótese metalocerâmica, a paciente começou a ter problemas de sangramento com quebra e amolecimento da mesma. Então, este processo tratou da especialidade de prótese. Não foi possível a conciliação prévia, tendo ido para audiência de instrução e julgamento Os valores da indenização giraram em torno de oitocentos reais.

Noutro processo, da especialidade de ortodontia, um paciente pagou três parcelas para a confecção de um aparelho ortodôntico móvel, o qual quebrou por três vezes e tendo sido perdida a confiança do paciente no profissional do convênio odontológico, o paciente resolveu entrar com a ação para ter suas parcelas pagas devolvidas.

A audiência de conciliação restou infrutífera, tendo sido feita audiência de instrução e julgamento e a clínica teve de devolver cerca de 200 reais.

O terceiro processo foi de danos morais e foi pedido o limite de 40 salários mínimos, que na época girava em torno de 8 mil reais. Foi com relação a um convênio odontológico que incluiu o nome do cliente indevidamente no Serviço de Proteção ao Crédito (SPC), mesmo após o cliente ter ido cancelar o convênio, dando fim à emissão de boletos bancários, o que não ocorreu.

A conciliação restou infrutífera, tendo ido à audiência de instrução julgamento, tendo ficado a indenização em torno de um mil reais.

Existia um processo de um profissional contra uma empresa de equipamentos odontológicos pelo atraso na entrega do equipamento no consultório no prazo estabelecido, acarretando perda de pacientes e despesas de aluguel, condomínio etc, para manutenção da sala comercial. Foi uma ação de cobrança com danos morais.

Embora este processo ainda não tenha sido finalizado, achamos interessante o aspecto de que também, o profissional da área odontológica pode ter seu trabalho e eficiência comprometida por responsabilidade de terceiros, como: a não entrega de equipamentos comprados, a entrega de materiais danificados, de materiais de consumo vencidos ou alterados; medicação comprada com eficácia alterada e todo tipo de insucesso decorrente de terceiros, seja das fábricas dos produtos odontológicos ou das dentais revendedoras.

Houve um processo por danos morais por cobrança indevida por parte de um convênio odontológico, com valores em torno do teto de 8 mil reais, com audiência de conciliação restando infrutífera e antes da audiência de instrução e julgamento, as partes entraram em acordo e extinguiram o processo.

O sexto processo foi para devolução de quantia paga, na especialidade de endodontia, de uma paciente que começou a pagar um tratamento de canal e depois descobriu estar grávida. Deixou de pagar as mensalidades e depois pediu restituição do que havia pago, cerca de 300 reais.

A audiência de conciliação restou frutífera, tendo sido acordado a devolução de 100 reais.

Dos dados obtidos podem ser tiradas algumas observações a respeito da situação atual da procura de indenizações contra dentistas no Juizado Especial Cível de Campinas -Anexo UNIP.

Este trabalho visou analisar a relação da atividade do cirurgião-dentista frente à responsabilidade civil, inclusive as implicações de seus atos nos casos de erros de tratamento nos casos concretos, no universo do Juizado Especial Cível de Campinas - Anexo UNIP.

Queremos discutir como está o relacionamento do profissional cirurgião-dentista, atuando como um prestador de serviços frente ao paciente, o qual é um consumidor de acordo com o Código de Defesa do Consumidor, com suas implicações jurídicas no caso de tratamentos sem êxito.

A relação do profissional com seu paciente, inspirada em sua maioria pela confiança tornou-se uma relação de consumo. Se o paciente gosta do produto, está bem, mas se não gosta, vai querer ser indenizado.

Procuramos mostrar que há procura por indenizações no Juizado contra profissionais da odontologia. Procuramos esclarecer dentre outras dúvidas, que têm aumentado as ações contra os cirurgiões-dentistas e quais as especialidades geradoras de maior conflito, bem como a média do valor das causas.

Entendemos que o aumento do número de processos contra os cirurgiões-dentistas, embora sejam poucos no Juizado, não se deu unicamente por causa da existência de novas leis que defendam o paciente, mas por uma tomada de consciência dos direitos do consumidor, muito difundida nos dias atuais.

A verdade é que a ciência odontológica trata com um organismo vivo. O corpo humano tem reações biológicas que não são totalmente compreendidas, mas pode-se fazer um levantamento estatístico, por exemplo, como já existe, para se ter idéia se o tratamento de um canal pode ter 40, 60, 100% ou outra porcentagem de chances de sucesso.

A relação do trabalho do profissional odontólogo não é uma relação exata ou, simplificando, uma relação de consumo de mercadorias, pois o sucesso do tratamento depende de inúmeros fatores, como: a saúde geral do paciente, se é cardíaco, diabético, se tem pressão alta etc.

A cooperação do paciente também tem uma grande parcela na obtenção do sucesso ou do insucesso. Por isso, todas as instruções, receituários, faltas do paciente nas consultas e demais detalhes da ficha clínica do paciente devem ser documentados e assinados.

Para ser mais esclarecedor, a simples falta a uma consulta em um tratamento endodôntico, pode desencadear um processo inflamatório ocasionando o insucesso do tratamento, mas na hora do paciente assumir sua culpa, dirá apenas que pagou por um serviço e acabou perdendo seu dente.

Por essa pequena explanação vemos que o relacionamento do profissional/paciente deve ser cercado de documentação, muito bem explicativa e assinada, para que tenha o efeito de permitir a isenção de responsabilidade do dentista.

O profissional não trabalha sozinho, mas responderá pelo erro de cada integrante de seu consultório como secretária, assistente, higienista dental etc.

Por isso da importância de se cuidar de todos os detalhes do consultório, inclusive da biossegurança, ou seja, a esterilização correta dos instrumentos e do ambiente de trabalho odontológico, estando atento para as implicações jurídicas de seu descumprimento.

CONSIDERAÇÕES FINAIS

A Constituição assegura o direito à saúde a todos, fornecendo os serviços públicos e delegando a terceiros, parte da responsabilidade, sendo que os profissionais da saúde respondem civilmente, tanto na área pública como particular, por eventuais erros, como foi comentado neste trabalho, a respeito do erro odontológico.

Acreditamos que existe uma tendência de ser adotada no Brasil a obrigatoriedade do seguro de responsabilidade civil, como é feito nos Estados Unidos, e sem ele o profissional não pode exercer a profissão. É conveniente a criação de uma legislação que crie um seguro nacional para a área odontológica, de forma a cobrir os danos causados pelos profissionais e também que reduza o custo dos mesmos.

Atualmente o profissional pode ser responsabilizado, desde um problema no atendimento do consultório, assepsia, pela falta de atualização na área odontológica e sempre que o paciente sentir-se lesado, o profissional deve estar bem guarnecido com toda documentação.

Os cirurgiões-dentistas devem instruir-se das determinações legais do Código Civil, Código Penal, Código de Direito do Consumidor e Código de Ética Odontológica. Deve ter uma formação profissional, que além da técnica, tenha por base conceitos jurídicos, pois este não poderá alegar em juízo ignorância da lei, e se trabalhar com honestidade de propósito e conhecimentos técnicos, não garantindo uma obrigação de resultado, dificilmente será responsabilizado judicialmente.

Com relação ao Código de Defesa do Consumidor, em seu art. 14, § 4º, onde diz que o cirurgião-dentista será responsabilizado mediante a verificação de sua culpa, alguns autores, entendem que ela nem sempre será mediante a sua culpa, como no caso do dentista comprometer-se a realizar uma obrigação de resultado e este não for atingido.

Neste caso, entendem que o profissional responderá objetivamente pelos danos causado ao paciente. Sugerem também a mudança do artigo, acrescentando a este a vedação quanto à aplicação da teoria da culpa, quando se referir a uma obrigação de resultado.

Queremos nos posicionar, primeiramente, que somos contra tal mudança e contra esta responsabilidade objetiva de modo geral, devendo analisar o caso concreto. O ser humano, ser biológico e espiritual que é, nunca poderá ser tratado como um objeto, como um produto que, apresentando defeito, deve ser trocado ou indenizado.

Como tivemos oportunidade de participar de simpósios, como o citado no decorrer do trabalho, a classe médica, inclusive, já vem se esforçando, para demonstrar e esclarecer a classe jurídica, que o corpo humano é muito complexo e as respostas biológicas às intervenções cirúrgicas ou estéticas, podem trazer um resultado positivo ou negativo.

Como no caso da cirurgia estética e das cirurgias reparadoras, podem existir cicatrizes por reações teciduais de cada organismo, o que por si só, não é uma prova que se possa dar um caráter objetivo, determinando a indenização, sem analisar o caso concreto e todos os detalhes do tratamento.

Como foi comentado no presente trabalho, especialidades consideradas como obrigações de meio e resultado, podem mudar, levando-se em conta a forma de contratação e o estado físico do paciente.

Um paciente que queira fazer um clareamento, por exemplo, está atrás de uma melhor estética e espera um resultado. Agora, se ele apresenta problemas periodontais, com comprometimento gengival, ou seja, sangramento e sensibilidade e mesmo assim quer fazer o clareamento, já não seria mais uma obrigação de resultado, devido às condições físicas presentes.

Apesar da responsabilidade do dentista ser geralmente contratual, deve-se analisar se o profissional assegurou um resultado ao paciente, como nos casos onde se utiliza recursos de informática para ver o antes e o depois de um tratamento estético. Neste caso, responde objetivamente. Caso contrário, mesmo nos casos onde se espera um resultado, como uma prótese fixa anterior, se o profissional alerta ao paciente da possibilidade do resultado final não ser satisfatório, devido a vários fatores como: problemas periodontais, reabsorções ósseas etc, a obrigação é de meio, como é em grande parte dos tratamentos odontológicos.

Como comentado anteriormente, algumas especialidades revestem-se de características de obrigação de meio e de resultado, conforme o caso.

Dentro das várias especialidades odontológicas, se o profissional se intitula especialista sem o ser, sendo este um dos principais fatores que levaram o paciente a escolhê-lo, no caso de responsabilização, entendemos que possa ser objetiva, conforme o caso. O art. 36 da Resolução nº 185/93 do Conselho Federal de Odontologia diz que somente pode-se qualificar como especialista quem estiver devidamente qualificado e o art. 39 enumera as especialidades existentes. O Código de Ética também proíbe intitular-se especialista sem a inscrição no Conselho Regional.

Entendemos que no caso de erro odontológico, o especialista deve ser cobrado com maior rigor do que o clínico geral, pois o seu nome foi um dos principais fatores de escolha do paciente e também o preço cobrado é superior, compatível com a expectativa de quem o procura.

Alguns autores defendem a necessidade de uma regulamentação da atividade e dos limites de atuação do dentista, mas seria extremamente difícil colocar-se numa norma todos os inúmeros fatores biológicos e particularidades de cada caso concreto.

Existem tratamentos como o endodôntico que a simples falta do paciente a uma sessão pode comprometer o resultado final do tratamento, ou a não ingestão da medicação no horário correto, o que seria difícil de apuração para provar a culpa do paciente, no caso do insucesso do tratamento.

Se houver risco a correr, é preciso contar com o consentimento esclarecido do paciente, só dispensável em caso de urgência. Caso isso não ocorra, o cirurgião-dentista pode responder pelos agravantes resultantes do procedimento.

As radiografias constam em quase todos os processos judiciais como sendo uma prova de grande valor material, devendo ser guardada; é inestimável a importância das radiografias como embasamento de procedimentos efetuados.

O dentista só deve atuar dentro dos procedimentos aprovados dentro da profissão. O direito à saúde está protegido pela Constituição Brasileira e organizações internacionais, fazendo com que o Direito se interesse cada vez mais pelas ciências médicas, entre elas a Odontologia. O cirurgião-dentista tem riscos no exercício de sua atividade profissional e caso seja solicitado, deverá provar em juízo que agiu corretamente.

É necessário que os profissionais da odontologia tenham conhecimento a respeito do Código de Defesa do Consumidor e da responsabilidade subjetiva. Entretanto, a atuação do dentista, como mencionado, deve ser analisada sob duas situações distintas: quando se propõe realizar alguma intervenção, cuja obrigação seja assumida como de resultado, como por exemplo, uma restauração estética, daquela onde só se aplicaria o § 4º do art. 14 do CDC, como quando o dentista se propusesse a fazer alguma intervenção cuja obrigação seja de meio, como por exemplo, uma cirurgia, adotando-se a responsabilidade subjetiva, mediante a verificação da existência de culpa.

Caminhamos para um relacionamento bem formal entre o profissional e o paciente, uma verdadeira relação de consumo.

O dentista ainda não se conscientizou que atua num segmento da sociedade bastante informada a respeito de seus direitos, entre os quais os de consumidor.

Acreditamos que muitos profissionais não estão preparados para o Código de Defesa do Consumidor, pois a grande maioria dos cirurgiões-dentistas não têm se documentado corretamente e diante de um processo judicial, dificilmente conseguiria provar tudo o que foi feito ou não foi feito. Ficaria difícil comprovar a autorização do paciente e mesmo, o quanto sua colaboração influiu para o insucesso do tratamento, se for o caso.

Frente ao exposto, cabe ao dentista documentar-se para refutar quaisquer alegações improcedentes por parte do consumidor, pois o CDC prevê a inversão do ônus da prova a favor do consumidor.

A contestação a alegações de má condução profissional deve estar firmemente baseada nos documentos do prontuário odontológico. É fundamental que esse entendimento seja considerado no momento em que se produzem documentos odonto-legais, como conseqüência do atendimento profissional.

A correta documentação é necessária para prevenir possíveis ações dos consumidores, que têm o direito de pleitear a reparação civil do dano. De acordo com o art. 206, § 3º, V, CC, têm até três anos a partir da data do conhecimento deste e de sua autoria.

Por não terem essa consciência jurídica, desprezam a guarda de documentos de qualidade, concomitantemente a guarda de documentos imprestáveis, o que naturalmente dificultará muito no momento de produzir provas em casos necessários e a grande parte não se preocupa com as leis.

Muitos dentistas se desfazem dos prontuários dos pacientes antes de decorrido o prazo legal de prescrição para reparação de danos. Geralmente não colhe a assinatura do paciente. Desconhecem, de um modo geral, os principais aspectos do CDC em relação à profissão, como também as leis específicas da odontologia.

É de grande valia a realização de um contrato escrito e assinado onde ambas as partes acordem no que foi proposto, para que ao final do tratamento, tudo esteja estipulado para ser comparado com o resultado final do mesmo.

O cirurgião-dentista, profissional da saúde bucal, lida com o ser humano como um todo, que muitas vezes chega ao consultório, procurando o restabelecimento de sua auto-estima, lidando com aspectos psicológicos, e o sucesso do tratamento, depende muito da colaboração do paciente.

No tratamento endodôntico, se lida muito com a dor. No tratamento ortodôntico, o paciente deve colaborar com a higiene e quanto mais idade possui o paciente adulto, existe uma tendência de ser mais difícil a adaptação.

Devemos ter em mente que a profissão de dentista é complexa, onde cada novo caso concreto é um novo desafio, lidando com vários fatores biológicos, como a saúde do organismo como um todo, bactérias, o poder invasivo dos vírus, e tantos outros fatores desta máquina complexa que é o corpo humano, e mesmo a influência do estresse da vida moderna, como os pacientes acometidos de bruxismo, rangendo os dentes e fazendo uma força extrema, prejudicando o sucesso do tratamento, tanto ortodônticos, como endodôntico ou mesmo na dentística restauradora.

É interessante como o profissional da área de saúde, o cirurgião-dentista, tendo o papel de aliviar a dor, que passa várias horas do dia trabalhando com prejuízo da própria saúde, ao lidar com pacientes que possam portar diversas doenças e mesmo o desgaste físico, executando serviços muitas vezes em pé, realizando várias radiografias diariamente, e por isso mesmo, tendo uma aposentadoria com cinco anos a menos de serviços, seja colocado a todo o momento no banco dos réus.

Deve ter em mente, no caso de um paciente comparecer ao consultório com um dente já bem danificado, resguardar-se de documentação radiográfica, contratos e declarações de que avisou o paciente do prognóstico de insucesso do tratamento, pois certamente, se não tiver sucesso, terá que enfrentar um processo, por mais bem intencionado que seja.

Procuramos a conscientização dos profissionais da odontologia de sua responsabilidade civil e esclarecimentos dos profissionais do mundo jurídico sobre os detalhes de um sistema biológico, como somos e das implicações sociais da atividade do cirurgião-dentista.

Quisemos demonstrar que a obtenção de tratamentos adequados simplesmente pela punição em leis não irá conseguir atingir o objetivo de uma melhor odontologia, ou melhor, preparação dos profissionais pelo temor de ações judiciais, mas a conscientização tanto por parte dos dentistas, dos aspectos legais de sua profissão, como do mundo jurídico, dos aspectos socioeconômicos da profissão do odontólogo e das condições dos pacientes que os procuram. Que assim como no mundo jurídico existem casos e casos, na odontologia também não se pode simplesmente dizer que existindo o dano deve-se punir.

A utilização da pesquisa empírica, feita em campo no Juizado foi complementada pela teórica, levando-nos a essas considerações finais.

Tendo em vista o fim do dentista que é a preservação de um sorriso perfeito e transmitir alegria de viver, é primordial o esclarecimento dos profissionais das leis que estão sujeitos e da realidade da odontologia no Brasil, para que juízes e a sociedade em geral também possam julgar os profissionais com a medida real, do mundo que estamos vivendo atualmente.

Todos esses são fatores que influenciam no resultado final, não dependendo apenas de uma relação de consumo, como uma mercadoria, um produto, pois além do ser humano ser a obra mais complexa do Criador, o homem ainda está nos primeiros passos em busca deste nível de perfeição. Tentando imitar tanto na estética, como o dentista ao lidar com o sorriso, como nos julgamentos, quando o homem toma o lugar de Deus, tentando fazer justiça, mas em certos casos não conseguem, pois só ao Pai é dado a compreensão do todo; tanto do físico quanto o do espiritual.

REFERÊNCIAS

ACQUAVIVA, M.C. – **Vademecum Universitário de Direito**. São Paulo: Ed. Jurídica Brasileira, 1999 – 2.a ed.

AGUIAR JÚNIOR, Ruy Rosado de. **Responsabilidade Civil do Médico**. Revista dos Tribunais, São Paulo, v. 718, p. 33-53, ago. 1995.

ARBENZ, Guilherme Oswaldo. Responsabilidade profissional do cirurgião-dentista. In: FRANÇA, Beatriz Helena Sottile. **Responsabilidade Civil e Criminal do Cirurgião-Dentista**. 1993. Tese (Mestrado em Odontologia Legal e Deontologia) – Faculdade de Odontologia, Universidade Estadual de Campinas, Piracicaba.

BASTOS, Celso Ribeiro , 1938 – **Curso de direito constitucional** – 22. ed. Atual. – São Paulo: Saraiva, 2001.

BAÚ, Marilise Kostelnaki. **O contrato de assistência médica e a responsabilidade civil**. Ed. Forense. São Paulo, 2. ed., 2001.

BENJAMIN, AHV. **Comentários ao Código do Consumidor.** São Paulo: Saraiva, 1991.

BENNET, John C.. **As Mecânicas do Tratamento ortodôntico e o Aparelho Pré-Ajustado.** Inglaterra. Ed. Artes Médicas, 1994.

BEVILÁQUA, C. **Código civil dos Estados Unidos do Brasil comentado**. Rio de Janeiro: Ed. Rio, 1958.

BIERWAGEN, Mônica Yoshiza. **Breves comentários sobre o nexo causal nos eventos de causalidade múltipla**. São Paulo, 2002. Disponível em: <http://www.editoraforense.com.br>. Acesso em 10 out 2002.

BITTAR, C. A – **Responsabilidade civil médica, odontológica e hospitalar**. São Paulo: Ed.Saraiva, 1991.

BRANCO, Gerson Luiz Carlos. **Aspectos da Responsabilidade Civil e do Dano Médico.** Revista dos Tribunais, São Paulo, v. 733, p. 53-75, nov. 1996.

BRASIL. Constituição (1988) .**Constituição da República Federativa do Brasil**. Brasília, DF.

BRASIL.Constituição (1988). **Constituição da República Federativa do Brasil.** São Paulo. Ed. RT, 1996.

BRASIL. 1990. Presidência da República. Lei nº 8.080 de 19/09/1990. **Lei Orgânica da Saúde.**

BRUNO, Aníbal. **Direito Penal – Parte Geral – VI.** Rio de Janeiro: Forense, 2ª ed., 1978.

CAHALI, Yussef Said. **Dano Moral.** 2ª ed. São Paulo: Saraiva, 1998.

CALVIELLI, I.T.P. – **O Exercício Ilegal da Odontologia no Brasil**, 1993. Tese (Mestrado em Direito). Faculdade de Direito, Universidade de São Paulo, São Paulo.

_____ O Código de Defesa do Consumidor e o Cirurgião- Dentista como prestador de Serviços. *In*: SILVA, M. **Compêndio de Odontologia Legal**. São Paulo. Medsi, 1997.

CÓDIGO DE ETICA ODONTOLÓGICO. Resolução CFO 179/91, de 19/1/91. Conselho Federal de Odontologia, Rio de Janeiro.

COHEN, S.; SCHWARTZ, S. **Endodontic complication and the law.** J. Endodont. V. 13, n.4, apr., 1989.

CRETELA, Júnior, J. **Comentários à Constituição de 1988**, vol.I, 2ª edição. Rio de Janeiro: Forense, 1988.

CROCE, D. e col. – **Erro Médico e o Direito** – São Paulo: Ed. Oliveira Mendes, 1997.

CUNHA, Alexandre Sanches. **Todas as constituições brasileiras**. Campinas: Bookseller, 2001.

DANTAS, Eduardo Vasconcelos dos Santos. **O seguro de responsabilidade civil e profissional.A falsa profilaxia do erro médico.** In: Jus Navigandi, n. 54. Disponível em:<http://www.jus.com.br/doutrina/texto.asp?id=2645>, acesso em 20 mai 2002.

DARUGE, E. ; MASSINI, N. Responsabilidade profissional do Cirurgião-Dentista em relação à lei civil e penal. In: **Direitos profissionais na Odontologia**. São Paulo: Ed. Saraiva, 1978

DIAS ,José de Aguiar. **Da Responsabilidade Civil**. 10.ed. Rio de Janeiro: Forense,1995. v.II.

DINIZ, Maria Helena. **Curso de direito civil brasileiro**. 9. ed. São Paulo: Saraiva, v. III, p. 42, 1994.

DIREITO, Carlos Augusto. **Responsabilidade médica nas cirurgias estéticas**, *In:*<www.solar.com.br/~amatra/carlosgustavo_1.html>. Acesso em 20 out 2002.

FARAH, E.E. – **Responsabilidade Civil – Guia prático para dentistas, médicos e profissionais de saúde**. São Paulo: QUEST – consultoria e treinamento, 1.a ed. 1998.

FRANÇA, Beatriz Helena Sottile. **Responsabilidade Civil e Criminal do Cirurgião-Dentista**. 1993. Tese (Mestrado em Odontologia Legal e Deontologia). Faculdade de Odontologia, Universidade Estadual de Campinas, Piracicaba.

_____ **O seguro de Responsabilidade Civil Profissional do Cirurgião-Dentista**. 1998. Tese (Doutorado em Odontologia Legal e Deontologia). Faculdade de Odontologia. Universidade Estadual de Campinas, Piracicaba.

FRANÇA, Genival Veloso de. **Direito Médico**. 6. ed. São Paulo : Fundo Editorial BYK-Procienx, 1994.

_____. **Medicina Legal**. 5.ed. Ed. Guanabara Koogan. Rio de Janeiro, 1995.

FREITAS, M.R. et al. **Movimentação ortodôntica-revisão da literatura. Considerações clínica e apresentação de um caso clínico.** Ortod. V.18, n.2, jul/dez. 1985.

GONÇALVES, Carlos Roberto. **Responsabilidade Civil**. 8. ed. São Paulo: Saraiva, 2003.

GOMES, Julio Cezar Meirelles; FRANÇA, Genival Veloso de. **Erro Médico – Um Enfoque Sobre Sua Origem E Suas Conseqüências.** Montes Claros (MG): Unimontes, 1999.

GOMES, 0. **Contratos**.7ª edição. Rio de janeiro: Forense, 1979.

INGLE, John I. **Êxitos y fracassos em Endodoncia**. Rer. Assoc. Odont. Arg. V. 50, n.2, 1962.

JORNAL DA APCD. **Denúncias devem mudar o panorama odontológico**. p.20-21.Fev.1994.

KRUGER, Gustav O. **Cirurgia Bucal e Maxilo-Facial**. Rio de Janeiro. Ed. Guanabara Koogan, 1984 – 5ª ed.

KFOURI NETO, Miguel, **Responsabilidade Civil do Médico**. São Paulo: Ed. Revista dos Tribunais: 3ª edição revista e ampliada, 1999;

_____**Culpa Médica e ônus da prova** – São Paulo : Editora Revista dos Tribunais, 2002.

LEONARDO, Mário Roberto. **Endodontia: tratamento de Canais Radiculares**. São Paulo. Ed. Panamericana, 1982.

LIMA, Gilberto Baumann de. **Culpabilidade do Médico e a "Lex Artis"**, *in* RT 695/427.

LOPES, Maurício Antonio Ribeiro. **Constituição da República Federativa do Brasil**. São Paulo: Editora Revista dos Tribunais, 1996.

LUTZ, Gualter Adolpho. **Erros e Acidentes em Odontologia**. Rio de Janeiro. Ed. Est. De Artes Graph.1938.

MARQUES, Fernando de Oliveira. **Código de Defesa do Consumidor**. São Paulo, RT: 2000.

MEIRELLES, HL. **Mandado de Segurança, Ação Popular e Ação Civil Publica**; 11º edição, São Paulo: Editora Revista dos Tribunais, 1987.

MONTEIRO. Washington de Barros. **Curso de Direito Civil – v. 4 – Obrigações – 1ª Parte**. São Paulo: Saraiva, 1997.

MOYERS, Robert. **Ortodontia**. Rio de Janeiro: Guanabara Koogan. 1979.

NEGRÃO, Theotonio. **Código de processo civil e legislação processual em vigor**. 28.ed. São Paulo: Saraiva, 1997.

NERY JÚNIOR. **Os princípios gerais do código brasileiro de defesa do consumidor**. São Paulo, v.3, p. 44-77,1992.

OLIVEIRA, Marcelo L.L. **Responsabilidade Civil Odontológica**: Belo Horizonte: Del Rey, 2000.

PAIVA, J.G.; ANTONIAZZI, J.H. **Endodontia: Bases para a prática clínica**. São Paulo: Artes Médicas. 1988. cap. 28.

PEREIRA, Caio Mário da Silva. **Responsabilidade Civil**. Rio de Janeiro: Ed. Forense, 1989.

PETRELLI, Eros. **Ortodontia Contemporânea**. São Paulo: Sarvier, 1988.

PIERANGELI, José Henrique. **Códigos penais do Brasil: evolução histórica**. 2.ed.São Paulo:Editora Revista dos Tribunais, 2001.

PRONTUÁRIO ODONTOLOGICO. Portaria CFO 174/92, de 07/12/92, Conselho Federal de Odontologia, Rio de Janeiro.

PRUX, Oscar Ivan. **Responsabilidade Civil do Profissional Liberal no Código de Defesa do Consumidor**. Belo Horizonte: Del Rey, 1998.

RADICCHI, Ronaldo. **Responsabilidade Civil e Criminal do Atendimento Odontológico ao Paciente HIV soropositivo**. 2001. Tese (Mestrado em Odontologia) – Faculdade de Odontologia, Universidade Estadual de Campinas, Piracicaba.

RODRIGUES, Sílvio. **Direito Civil**. V.4. Responsabilidade civil. 18. ed. São Paulo: Saraiva, p.11, 2001.

ROMANELLO NETO, Jerônimo. **Responsabilidade Civil dos Médicos**. São Paulo: Ed. Jurídica Brasileira: 1998.

ROMANI, Nello Francisco e outros. **Atlas de Técnica Endodôntica**. São Paulo. Ed. Panamed, 1986.

ROSENTHAL, Elias. **A odontologia no Brasil. História**. São Paulo. Disponível em:<http://www.geocities.com/athens/837/historia.html>. Acesso em 15 de agosto de 2003.

SAAD, Eduardo Gabriel. **Consolidação das Leis do Trabalho Comentada**. São Paulo. Ed. LTr. 29.ed., 1996.

SAMPAIO, Rogério Marrone de Castro. **Direito Civil – Responsabilidade Civil**. São Paulo: Atlas, 2000.

SÃO PAULO (Estado) . Gabinete do Secretário de Saúde. Resolução SS-15 de 18/01/1999. **Aprova Norma Técnica que estabelece condições para instalação e funcionamento de**

estabelecimentos de assistência odontológica, e dá outras providências. Diário Oficial do Estado de São Paulo, São Paulo, v. 109, n.13, Poder Executivo, Seção I, 20 jan. 1999.

SHILLINGBURG, Herbert T., Jr. E outros. **Fundamentos dos Preparos Dentários.** Alemanha. Ed. Quintessence, 1ª ed. 1988.

SILVA, De Plácido e . **Vocabulário Jurídico**. Rio de Janeiro, 1998. Editora Forense.

SILVA, M.S. **Compêndio de Odontologia Legal** : Ed. Médica e Científica Ltda, 1997.

_____ Documentação em Odontologia e sua Importância Jurídica. **Odontologia e Sociedade**, São Paulo, v.1, n.1/2, p.1-3. 1999.

SILVEIRA, Reynaldo Andrade da. **Responsabilidade Civil do Médico.** Revista dos Tribunais, São Paulo, v. 674, p. 57-62, dez. 1991.

SIMPÓSIO SOBRE RESPOSNABILIDADE CIVIL E CRIMINAL DO MÉDICO. 2002 Campinas – São Paulo. Participantes: Miguel Kfouri Neto, Antonio Carlos Mathias Coltro, Heitor Regina, Sebastião Araújo, Allan Zimermmann, entre outros.

SOUZA, Néri Tadeu Câmara. **Responsabilidade civil no erro médico**. Disponível em:<http: // www.conjur.uol.com.br/textos/17106/geocities.com/odontoufpr/historia.html>. Acesso em 30 Ago 2003.

STOCO, Rui. **Iatrogenia e Responsabilidade Civil do Médico**. *in* RT 784/105;

_____ **Responsabilidade Civil e sua interpretação jurisprudencial**. 4ª ed. São Paulo: Revista dos Tribunais, 1999.

TAMBURUS, J.R. **Pesquisa radiográfica dos sucessos e insucessos do tratamento endodôntico.** In: Revista da. Associação Paulista de Cirurgiões Dentistas. V. 37, n.1, jan/fev. 1983.

TAMOTO, M. ;GUERRA, L. ; DARUGE, **O Cirurgião Dentista e o Código de Defesa do Consumidor** .Disponível em:<www.ibemol.com.br>.Acesso em 30 Ago 2002.

TAPAI, Giselle de Melo Braga . **Novo Código civil brasileiro**. Editora Revista dos Tribunais, 2002.

TEPEDINO, Gustavo . **Temas de Direito Civil**. Rio de Janeiro. Ed. Renovar. 2. ed., 2001.

VENOSA, Sílvio de Salvo. **Direito civil: responsabilidade civil**. 3. ed. São Paulo: Atlas, 2003.

WALD, Arnoldo. **Curso de Direito Civil Brasileiro – Obrigações e Contratos**. São Paulo: RT, 2000.

_____ **Curso de Direito Civil Brasileiro,** vol. II, 16ª edição, São Paulo: Editora Revista dos Tribunais, 1983.

_____ in **Dano moral no direito brasileiro**. Disponível em:<www.teiajuridica.com.br> . Acesso em 29 de novembro de 2000.

GLOSSÁRIO

alveolar – referente à cavidade óssea onde se aloja o dente.

anamnese – exame clínico inicial onde são averiguadas as condições gerais de saúde do paciente.

angioma – tumor causado pela proliferação de vasos sanguíneos ou linfáticos.

bruxismo – é o ranger de dentes, geralmente inconsciente, que ocorre mais no período noturno, quando está dormindo e causa o desgaste dos dentes.

calcificação – é o fechamento do conduto do canal interno ao dente devido à deposição de sais minerais no seu interior através do tempo.

cariogênico – é o que tem o potencial de causar cáries nos dentes.

cemento – estrutura óssea que recobre a raiz dos dentes.

cementoblastos – estruturas biológicas responsáveis pela formação da raiz dos dentes.

cimentose – calcificação dos elementos de ligação do dente com o osso, tornando-se cimentado no osso, com difícil retirada.

endodontia – especialidade odontológica que trata dos canais dos dentes.

estomatognático – sistema digestivo do organismo humano.

exodontia – extração dentária.

extração – retirada de um elemento dental.

hipoplasia – subdesenvolvimento de um órgão por efeito de redução da proliferação celular.

fibro-mucosa – tecido que recobre a cavidade bucal na sua parte interna.

fleimão – inflamação do tecido conjuntivo subcutâneo e subaponeurótico.

fluorose - alteração de cor causada nos dentes devido ao excesso de flúor na água.

fórceps - instrumento odontológico utilizado para fazer extrações dentárias.

homeostasia – estado de equilíbrio do organismo vivo em relação às suas várias funções e à composição química de seus fluidos e tecidos.

idiopático – referente à doença que não é conseqüência de outra.

impactado – ocluido, impedido de se movimentar.

intrusão – ocorre quando o dente caminha para dentro do alvéolo, ficando com sua coroa numa altura inferior a dos dentes adjacentes.

mantenedores – mantêm o espaço do dentes decíduos ou de leite após a perda dos mesmos, visando a manutenção do espaço para a futura eclosão dos dentes permanentes.

ortodontia – especialidade odontológica que corrige o posicionamento dental.

ortognata – relativo ao correto posicionamento dos maxilares.

ósteo-mielite – é um tipo de tumor que acontece nos ossos mandibulares e maxilares, causando destruição do mesmo.

parestesia – desordem nervosa caracterizada por sensações anormais e alucinações sensoriais, como a falta de sensibilidade num lado da face.

periodontia – especialidade odontológica que cuida do periodonto; das membranas que rodeiam o dente.

pericemento – membranas que rodeiam o dente e que servem para fixá-lo no osso.

prognóstico – juízo do desenvolvimento de uma doença baseado no diagnóstico.

protruída – a mandíbula apresenta-se em um plano avançado em relação à maxila.

pulpite - dor aguda do elemento dental, devido à deterioração da polpa que existe dentro do mesmo.

retruída – a mandíbula apresenta-se numa posição retrógrada em relação à maxila.

selante – é um tipo de resina que é colocada nos dentes para prevenir o aparecimento de cáries.

síncope - queda súbita da pressão ou colapso circulatório, acompanhado de anemia cerebral e perda da consciência.

tártaro – nome comum que é dado ao cálculo, que é o acúmulo de sujeira, sais minerais e bactérias que se formam em volta do limite do dente com a gengiva.

trepanação – ato de perfurar. Em endodontia é o ato de perfurar o canal, comprometendo sua integridade, causando a possível perda do mesmo.

trismo - fechamento involuntário da boca resultante da contração espasmódica dos músculos elevadores da maxila inferior.

ANEXO DE LEGISLAÇÃO

A - Constituição Federal

ÍNDICE TEMÁTICO DA CONSTITUIÇÃO FEDERAL – 1988

CONSUMIDOR

Defesa - CF art. 5º, XXXII, e art. 170, V

Direitos; Serviços Públicos - CF art. 175, parágrafo único, II

Responsabilidade por Dano Ao; Legislação Concorrente - CF art. 24, VIII

sistema único de saúde - CF art. 200, I

TÍTULO II

Dos Direitos e Garantias Fundamentais

CAPÍTULO I

DOS DIREITOS E DEVERES INDIVIDUAIS E COLETIVOS

Art. 5º Todos são iguais perante a lei, sem distinção de qualquer natureza, garantindo-se aos brasileiros e aos estrangeiros residentes no País a inviolabilidade do direito à vida, à liberdade, à igualdade, à segurança e à propriedade, nos termos seguintes:

XXXII - o Estado promoverá, na forma da lei, a defesa do consumidor;

Art. 24. Compete à União, aos Estados e ao Distrito Federal legislar concorrentemente sobre:

XII - previdência social, proteção e defesa da saúde;

TÍTULO VII

Da Ordem Econômica e Financeira

CAPÍTULO I

DOS PRINCÍPIOS GERAIS DA ATIVIDADE ECONÔMICA

Art. 170. A ordem econômica, fundada na valorização do trabalho humano e na livre iniciativa, tem por fim assegurar a todos existência digna, conforme os ditames da justiça social, observados os seguintes princípios:

V - defesa do consumidor;

Art. 175. Incumbe ao Poder Público, na forma da lei, diretamente ou sob regime de concessão ou permissão, sempre através de licitação, a prestação de serviços públicos.

Parágrafo único. A lei disporá sobre:

II - os direitos dos usuários;

SAÚDE

Ações e serviços de - CF art. 198

Assistência à; empresas ou capitais estrangeiros; participação - CF art. 199, § 3º

Assistência à; iniciativa privada; livre participação - CF art. 199, caput

Assistência à criança e ao adolescente - CF art. 227, § 1º

Assistência materno-infantil; recursos - CF art. 227, § 1º, I

Competência comum da União, Estados, Distrito Federal e Municípios - CF art. 23, II

Direito de todos e dever do Estado - CF art. 196

Instituição privada; recursos públicos - CF art. 199, § 2º

Municípios; serviços de atendimento - CF art. 30, VII

Proteção e defesa; legislação concorrente - CF art. 24, XII

Seguridade social; direito assegurado - CF art. 194

Trabalho; norma de proteção - CF art. 7º, XXII

Transplante de órgãos humanos; transfusão de sangue - CF art. 199, § 4º

SISTEMA ÚNICO DE SAÚDE

Alimentos, bebidas e águas; fiscalização - CF art. 200, VI

Competência - CF art. 200

Constituição, organização e financiamento CF art. 198

Desenvolvimento científico e tecnológico; incremento - CF art. 200, V

Instituições privadas; participação - CF art. 199, § 1º

Medicamentos, equipamentos, imunobiológicos e hemoderivados; produção -CF art. 200, I

Meio ambiente; proteção - CF art. 200, VIII

Produtos, substâncias e procedimentos - saúde; controle e fiscalização - CF art. 200, I

Produtos psicoativos, tóxicos e radioativos; controle e fiscalização - CF art. 200, VII

Recursos humanos; formação - CF art. 200, III

Saneamento básico; participação - CF art. 200, IV

Vigilância sanitária, epidemiológica e de saúde - CF art. 200, II

Seção II

DA SAÚDE

Art. 196. A saúde é direito de todos e dever do Estado, garantido mediante políticas sociais e econômicas que visem à redução do risco de doença e de outros agravos e ao acesso universal e igualitário às ações e serviços para sua promoção, proteção e recuperação.

Art. 197. São de relevância pública as ações e serviços de saúde, cabendo ao Poder Público dispor, nos termos da lei, sobre sua regulamentação, fiscalização e controle, devendo sua execução ser feita diretamente ou através de terceiros e, também, por pessoa física ou jurídica de direito privado.

Art. 198. As ações e serviços públicos de saúde integram uma rede regionalizada e hierarquizada e constituem um sistema único, organizado de acordo com as seguintes diretrizes:

I - descentralização, com direção única em cada esfera de governo;

II - atendimento integral, com prioridade para as atividades preventivas, sem prejuízo dos serviços assistenciais;

III - participação da comunidade.

(*) § 1º Parágrafo único. O sistema único de saúde será financiado, nos termos do art. 195, com recursos do orçamento da seguridade social, da União, dos Estados, do Distrito Federal e dos Municípios, além de outras fontes. (*) Parágrafo único modificado para § 1º pela Emenda Constitucional nº 29, de 13/09/00:

Parágrafo incluído pela Emenda Constitucional nº 29, de 13/09/00:

"§ 2º A União, os Estados, o Distrito Federal e os Municípios aplicarão, anualmente, em ações e serviços públicos de saúde recursos mínimos derivados da aplicação de percentuais calculados sobre:" (AC)

"I – no caso da União, na forma definida nos termos da lei complementar prevista no § 3º;" (AC)

"II – no caso dos Estados e do Distrito Federal, o produto da arrecadação dos impostos a que se refere o art. 155 e dos recursos de que tratam os arts. 157 e 159, inciso I, alínea a, e inciso II, deduzidas as parcelas que forem transferidas aos respectivos Municípios;" (AC)

"III – no caso dos Municípios e do Distrito Federal, o produto da arrecadação dos impostos a que se refere o art. 156 e dos recursos de que tratam os arts. 158 e 159, inciso I, alínea b e § 3º." (AC)

Parágrafo incluído pela Emenda Constitucional nº 29, de 13/09/00:

"§ 3º Lei complementar, que será reavaliada pelo menos a cada cinco anos, estabelecerá:" (AC)

"I – os percentuais de que trata o § 2º;" (AC)

"II – os critérios de rateio dos recursos da União vinculados à saúde destinados aos Estados, ao Distrito Federal e aos Municípios, e dos Estados destinados a seus respectivos Municípios, objetivando a progressiva redução das disparidades regionais;" (AC)
"III – as normas de fiscalização, avaliação e controle das despesas com saúde nas esferas federal, estadual, distrital e municipal;" (AC)

"IV – as normas de cálculo do montante a ser aplicado pela União." (AC)

Art. 199. A assistência à saúde é livre à iniciativa privada.

§ 1º - As instituições privadas poderão participar de forma complementar do sistema único de saúde, segundo diretrizes deste, mediante contrato de direito público ou convênio, tendo preferência as entidades filantrópicas e as sem fins lucrativos.

§ 2º - É vedada a destinação de recursos públicos para auxílios ou subvenções às instituições privadas com fins lucrativos.

§ 3º - É vedada a participação direta ou indireta de empresas ou capitais estrangeiros na assistência à saúde no País, salvo nos casos previstos em lei.

§ 4º - A lei disporá sobre as condições e os requisitos que facilitem a remoção de órgãos, tecidos e substâncias humanas para fins de transplante, pesquisa e tratamento, bem como a coleta, processamento e transfusão de sangue e seus derivados, sendo vedado todo tipo de comercialização.

Art. 200. Ao sistema único de saúde compete, além de outras atribuições, nos termos da lei:

I - controlar e fiscalizar procedimentos, produtos e substâncias de interesse para a saúde e participar da produção de medicamentos, equipamentos, imunobiológicos, hemoderivados e outros insumos;

II - executar as ações de vigilância sanitária e epidemiológica, bem como as de saúde do trabalhador;

III - ordenar a formação de recursos humanos na área de saúde;

IV - participar da formulação da política e da execução das ações de saneamento básico;

V - incrementar em sua área de atuação o desenvolvimento científico e tecnológico;

VI - fiscalizar e inspecionar alimentos, compreendido o controle de seu teor nutricional, bem como bebidas e águas para consumo humano;

VII - participar do controle e fiscalização da produção, transporte, guarda e utilização de substâncias e produtos psicoativos, tóxicos e radioativos;

VIII - colaborar na proteção do meio ambiente, nele compreendido o do trabalho.

B – Lei 5.081, de 24 de agosto de 1966

Regula o Exercício da Odontologia.

O PRESIDENTE DA REPÚBLICA:

Faço saber que o Congresso Nacional decreta e eu sanciono a seguinte Lei:

Art. 1º - O exercício da Odontologia no território nacional é regido pelo disposto na presente Lei.

Art. 2º - O exercício da Odontologia no território nacional só é permitido ao cirurgião-dentista habilitado por escola ou faculdade oficial ou reconhecida, após o registro do diploma na Diretoria do Ensino Superior, no Serviço Nacional de Fiscalização da Odontologia, sob cuja jurisdição se achar o local de sua atividade.

Parágrafo único. (Vetado).

Art. 3º - Poderão exercer a Odontologia no território nacional os habilitados por escolas estrangeiras, após a revalidação do diploma e satisfeitas as demais exigências do artigo anterior.

Art. 4º - É assegurado o direito ao exercício da Odontologia, com as restrições legais, ao diplomado nas condições mencionadas no Decreto- Lei número 7.718 de 9 de julho de 1945, que regularmente se tenha habilitado para o exercício profissional, somente nos limites territoriais do Estado onde funcionou a escola ou faculdade que o diplomou.

Art. 5º - É nula qualquer autorização administrativa a quem não for legalmente habilitado para o exercício da Odontologia.

Art. 6º - Compete ao cirurgião-dentista:

I - praticar todos os atos pertinentes à Odontologia, decorrentes de conhecimentos adquiridos em curso regular ou em cursos de pós- graduação;

II - prescrever e aplicar especialidades farmacêuticas de uso interno e externo, indicadas em Odontologia;

III - atestar, no setor de sua atividade profissional, estados mórbidos e outros, inclusive, para justificação de faltas ao emprego;

IV - proceder à perícia odontolegal em foro cível, criminal, trabalhista e em sede administrativa;

V - aplicar anestesia local e troncular;

VI - empregar a analgesia e hipnose, desde que comprovadamente habilitado, quando constituírem meios eficazes para o tratamento.

VII - manter, anexo ao consultório, laboratório de prótese, aparelhagem e instalação adequadas para pesquisas e análises clínicas, relacionadas com os casos específicos de sua especialidade, bem como aparelhos de Raios X, para diagnóstico, e aparelhagem de fisioterapia;

VIII - prescrever e aplicar medicação de urgência no caso de acidentes graves que comprometam a vida e a saúde do paciente;

IX - utilizar, no exercício da função de perito-odontólogo, em casos de necropsia, as vias de acesso do pescoço e da cabeça.

Art. 7º - É vedado ao cirurgião-dentista:

a) expor em público trabalhos odontológicos e usar de artifícios de propaganda para granjear clientela;

b) anunciar cura de determinadas doenças, para as quais não haja tratamento eficaz;

c) exercício de mais de duas especialidades;

d) consultas mediante correspondência, rádio, televisão, ou meios semelhantes;

e) prestação de serviço gratuito em consultórios particulares;

f) divulgar benefícios recebidos de clientes;

g) anunciar preços de serviços, modalidades de pagamento e outras formas de comercialização da clínica que signifiquem competição desleal.

Art. 8º - (Vetado).

I - (Vetado).

II - (Vetado).

Art. 9º - (Vetado).

a) (Vetado);

b) (Vetado);

c) (Vetado);

d) (Vetado);

e) (Vetado).

Art. 10 - (Vetado).

Parágrafo único. (Vetado).

Art. 11 - (Vetado).

Art. 12 - O Poder Executivo baixará Decreto, dentro de 90 (noventa)

dias, regulamentando a presente Lei.

Art. 13 - Esta Lei entrará em vigor na data de sua publicação, revogados o Decreto-Lei número 7.718, de 9 de julho de 1945, a Lei número 1.314 de 17 de janeiro de 1951, e demais disposições em contrário.

Brasília, 24 de agosto de 1966; 145º da Independência e 78º da República.

C – Resolução n. 185, de 26 de abril de 1993

Título I

Do exercício legal da consolidação as normas para procedimentos nos conselhos de odontologia

Título I

Do exercício legal

Capítulo I - Disposições Preliminares

Art. 1º. Estão obrigados ao registro no Conselho Federal e à inscrição nos Conselhos Regionais de Odontologia em cuja jurisdição estejam estabelecidos ou exerçam suas atividades:

a) os cirurgiões-dentistas;
b) os técnicos em prótese dentária;
c) os técnicos em higiene dental;
d) os atendentes de consultório dentário;
e) os auxiliares de prótese dentária;
f) os especialistas, desde que assim se anunciem ou intitulem;
g) as entidades prestadoras de assistência odontológica;
h) os laboratórios de prótese dentária;
i) os demais profissionais auxiliares que vierem a ter suas ocupações regulamentadas;
j) as atividades que vierem a ser, sob qualquer forma, vinculadas aos Conselhos de Odontologia.

Parágrafo único. É vedado o registro e a inscrição em duas ou mais categorias profissionais, nos Conselhos Federal e Regionais de Odontologia sem a apresentação dos respectivos diplomas ou certificados de conclusão de curso profissionalizante regular.

Art. 2º. Os Conselhos Federais e Regionais estabelecerão, obrigatoriamente, nos processos em tramitação, prazo máximo de 90 (noventa) dias, para cumprimento de suas exigências.

§ 1º. Caso os interessados não atendam às exigências nos prazos estabelecidos, o pleito deverá ser indeferido e o processo arquivado.

§ 2º. O processo somente poderá ser desarquivado mediante requerimento específico e novo recolhimento de taxas.

Art. 3º. Somente poderão ser deferidos registro e inscrição de pessoas físicas e jurídicas que atendam aos requisitos mínimos estabelecidos nestas normas.

Capítulo II

Atividades Privativas do Cirurgião-Dentista

Art. 4º. O exercício das atividades profissionais privativas do cirurgião-dentista só é permitido com a observância do disposto nas Leis 4.324, de 14.04.64 e 5.081, de 24.08.66, no Decreto nº 68.704, de 03.06.71; e, nestas normas.

§ 1º. Compete ao cirurgião-dentista:

I - praticar todos os atos pertinentes à Odontologia decorrentes de conhecimentos adquiridos em curso regular ou em cursos de pós-graduação;

II - prescrever e aplicar especialidades farmacêuticas de uso interno e externo, indicadas em Odontologia;

III - atestar, no setor de sua atividade profissional, estados mórbidos e outros, inclusive para justificação de falta ao emprego;

IV - proceder à perícia odontolegal em foro cível, criminal, trabalhista e em sede administrativa;

V - aplicar anestesia local e troncular;

VI - empregar a analgesia e a hipnose, desde que comprovadamente habilitado, quando constituírem meios eficazes para o tratamento;

VII - manter, anexo ao consultório, laboratório de prótese, aparelhagem e instalação adequadas para pesquisas e análises clínicas, relacionadas com os casos específicos de sua especialidade, bem como aparelhos de Raios X, para diagnóstico, e aparelhagem de fisioterapia;

VIII - prescrever e aplicar medicação de urgência no caso de acidentes graves que comprometam a vida e a saúde do paciente;

IX - utilizar, no exercício da função de perito-odontológico, em casos de necropsia,as vias de acesso do pescoço e da cabeça.

§ 2º. O cirurgião-dentista poderá operar pacientes submetidos a qualquer um dos meios de anestesia geral, desde que sejam atendidas as exigências cautelares recomendadas para o seu emprego.

§ 3º. O cirurgião-dentista somente poderá executar trabalhos profissionais em pacientes sob anestesia geral quando a mesma for executada por profissional médico especialista e em ambiente hospitalar que disponha das indispensáveis condições comuns a ambientes cirúrgicos.

§ 4º. Os direitos e os deveres do cirurgião-dentista, bem como o que lhe é vedado encontram-se explicitados no Código de Ética Odontológica.

§ 5º. É permitido o anúncio de convênios mantidos entre clínica dentária e entidades, respeitadas as disposições do CEO.

§ 6º. Poderão constar de impressos, placas, ou anúncios as seguintes formas de atendimentos:

a) atendimento domiciliar; e,

b) atendimento a pacientes especiais.

§ 7º. É permitido o uso dos termos "prevenção" e "reabilitação" a todo cirurgião-dentista que desejar registrar e inscrever sua clínica, usando os mesmos nas respectivas denominações.

§ 8º. O cirurgião-dentista deverá exigir o número de inscrição no Conselho Regional ao técnico em prótese dentária nos documentos que lhe forem apresentados, sob pena de instauração de Processo Ético.

§ 9º. Responderá eticamente, perante o respectivo Conselho Regional, o cirurgião-dentista que, tendo técnico em higiene dental e/ou atendente de consultório dentário sob sua supervisão, permitir que os mesmos, sob qualquer forma, extrapolem suas funções específicas.

§ 10. O cirurgião-dentista é obrigado a manter informado o respectivo Conselho Regional quanto à existência, em seu consultório particular ou em clínica sob sua responsabilidade, de profissional auxiliar.

§ 11. Da informação a que se refere o parágrafo anterior, deverão constar o nome do auxiliar, a data de sua admissão, sua profissão e o número de sua inscrição no Conselho Regional.

Art. 5º. Para se habilitar ao registro e à inscrição, o profissional deverá atender a um dos seguintes requisitos:

a) ser diplomado por curso de Odontologia reconhecido pelo Ministério da Educação e Desportos;

b) ser diplomado por escola estrangeira, cujo diploma tenha sido revalidado e/ou obrigatoriamente registrado para a habilitação ao exercício profissional em todo o território nacional;

c) ser diplomado por escola ou faculdade estadual, que tenha funcionado com autorização de governo estadual, quando beneficiado pelo Decreto-Lei 7.718, de 09 de julho de 1945 e comprovada a habilitação para o exercício profissional até 26 de agosto de 1966;

d) ser licenciado nos termos dos Decretos 20.862, de 28 de dezembro de 1931; 21.703, de 22 de fevereiro de 1932; ou 22.501, de 27 de fevereiro de 1933; e,

e) ter colado grau há menos de 2 (dois) anos da data do pedido, desde que seja possuidor de uma declaração da instituição de ensino, firmada por autoridade competente e da qual conste expressamente, por extenso: nome, nacionalidade, data e local do nascimento, número da cédula de identidade, e data da colação de grau.

§ 1º. O diploma do estudante convênio somente poderá ser aceito para registro e inscrição, quando dele não constar apostila restritiva ao exercício profissional no Brasil ou tiver sido a mesma cancelada.

§ 2º. No caso da alínea c, o exercício profissional ficará restrito aos limites territoriais do Estado onde tenha funcionado a escola.

§ 3º. No caso da alínea d, o exercício profissional ficará restrito aos limites territoriais da localidade para a qual tenha sido expedida a licença.

§ 4º. Na hipótese prevista na alínea e, a autorização para o exercício da profissão será pelo prazo improrrogável de 2 (dois) anos, contado da data de sua colação de grau.

§ 5º. O registro e a inscrição dos profissionais registrados nos órgãos de Saúde Pública até 14 de abril de 1964, poderão ser feitos independentemente da apresentação dos diplomas, mediante certidão fornecida pelas repartições competentes.

Art. 6º. Está obrigado a registro e inscrição o cirurgião-dentista no desempenho:

a) de sua atividade na condição de autônomo;
b) de cargo, função ou emprego público, civil ou militar, da administração direta ou indireta, de âmbito federal, estadual ou municipal, para cuja nomeação, designação, contratação, posse e exercício seja exigida ou necessária a condição de profissional da Odontologia;
c) do magistério, quando o exercício decorra de seu diploma de cirurgião-dentista;
d) de qualquer outra atividade, através de vínculo empregatício ou não, para cujo exercício seja indispensável a condição de cirurgião-dentista, ou de graduado de nível superior, desde que, neste caso, somente possua aquela qualificação.

Art. 43. É vedado ao cirurgião-dentista o uso da via cervical infra-hióidea, por fugir ao domínio de sua área de atuação, bem como a prática de cirurgia estética, ressalvadas as estético-funcionais do aparelho mastigatório.

Art. 44. Os cirurgiões- dentistas somente poderão realizar cirurgias sob anestesia geral, em ambiente hospitalar, cujo diretor técnico seja médico, e que disponha das indispensáveis condições de segurança comuns a ambientes cirúrgicos, considerando-se prática atentatória à ética a solicitação e/ou a realização de anestesia geral em consultório de cirurgião-dentista, de médico ou em ambulatório.

Art. 45. Somente poderão ser realizadas, em consultórios ou ambulatórios, cirurgias passíveis de serem executadas sob anestesia local.

Art. 46. Quando o êxito letal for atingido como resultado do ato cirúrgico odontológico, deverá ser o atestado de óbito fornecido pelo médico que tenha participado do ato cirúrgico ou pelo Instituto Médico Legal.

Art. 47. Nos casos de enxertos autógenos, cuja região doadora se encontre fora da área buco-maxilo-facial, os mesmos deverão ser retirados por médicos.

Art. 48. Nos casos de doenças das glândulas salivares, com expansão ou comprometimento que atinjam regiões fora da área buco-maxilo-facial, de tumores malignos da cavidade bucal e de distúrbios neurológicos com manifestações maxilo-faciais, é imprescindível que o cirurgião-dentista atue integrado com o médico.

Art. 49. Em lesões de interesse comum à Odontologia e à Medicina, referida no artigo anterior, a equipe cirúrgica deverá ser obrigatoriamente constituída de médico e cirurgião-dentista, para a adequada segurando do resultado pretendido, ficando então a equipe sob a chefia do médico.

D – Código de Saúde de São Paulo art. 22 a 32.

Artigo 22 –" Os estabelecimentos de assistência odontológica devem apresentar, além das demais obrigatoriedades determinadas pela legislação municipal de edificações vigente, as seguintes condições referentes à área na qual serão realizados procedimentos odontológicos:

I – Iluminação que possibilite boa visibilidade, sem ofuscamentos ou sombras;
II – Ventilação que possibilite circulação e renovação de ar;
III – Revestimentos de pisos com material lavável e impermeável, que possibilite os processos de descontaminação e/ou limpeza, sem a presença de trincas, ou de descontinuidade;
IV –Paredes de alvenaria ou divisórias de cor clara, revestidas de material lavável e impermeável, que possibilite os processos de descontaminação e/ou limpeza, sem a presença de mofo ou descontinuidades;
V – Forros de cor clara, sem a presença de infiltrações, rachaduras ou mofo
VI- Instalações hidráulicas e elétricas embutidas ou protegidas por calhas ou canaletas externas, para que não haja depósitos de sujidades em sua extensão.

Artigo 23 – Todo o estabelecimento de assistência odontológica deve ter lavatório com água corrente, de uso exclusivo para lavagem de mãos dos membros da equipe de saúde bucal.
I – A lavagem de mãos é obrigatória para todos os componentes da equipe de saúde bucal.
II – O lavatório deve contar com:
a – dispositivo que dispense o contato das mãos com o volante da torneira ou do registro quando do fechamento da água;
b – toalhas de papel descartável ou compressas estéreis;
c – sabonete líquido.
III – A limpeza e/ou descontaminação de artigos não deve ser realizada no mesmo lavatório para lavagem das mãos.

Artigo 24 – As Clínicas e as Clínicas Modulares, devem contar com equipamento para esterilização obrigatoriamente fora da área de atendimento.

OBS – Clínicas : são classificadas em Clínica odontológica tipo I e Clínica odontológica tipo II.

Clínica odontológica tipo I – é o estabelecimento de assistência odontológica caracterizado por possuir um conjunto de, no máximo 03 consultórios odontológicos, independentes entre si, com uma área de espera em comum, podendo fazer uso ou não de equipamento de Raios – X odontológico. – N.T. Artigo 9º - inciso II.

Clínica odontológica tipo II - é o estabelecimento de assistência odontológica caracterizado por possuir um conjunto de, no máximo 03 consultórios odontológicos, independentes entre si, com uma área de espera em comum, e que mantém anexo, laboratório de prótese odontológica, podendo fazer uso ou não de equipamento de Raios – X odontológico.- N.T. Artigo 9º - inciso III.

Clínica Modular – é o estabelecimento de assistência odontológica caracterizado pelo atendimento em um único espaço com área mínima condicionada ao número e disposição dos equipamentos odontológicos, podendo fazer uso ou não de equipamento de Raios – X odontológico conforme disposto nesta N.T. – N.T. Artigo 9º - inciso V.

I – Na policlínicas, os equipamentos de esterilização devem ser instalados em salas com, no mínimo duas áreas distintas com ventilação independente, direta ao exterior e separadas até o teto, com guichê de passagem, sem cruzamento de fluxo, sendo uma área dotada de ponto de água, cuba e bancada para recepção do material contaminado, expurgo e lavagem, e outra para preparo, esterilização, guarda e distribuição do material.

OBS – Há dois tipos de Clínicas definidos na N.T.:

Policlínica odontológica : é o estabelecimento de assistência odontológica caracterizado por um conjunto de mais de 03 consultórios odontológicos, independentes entre si, podendo inclusive manter em seu interior, clínicas modulares, laboratórios de prótese odontológica, instituto de radiologia ou documentação radiológica. N.T. Artigo 9º - inciso VIII

Policlínica de ensino odontológico : é a policlínica caracterizada por desenvolver atividades voltadas ao ensino odontológico ou pesquisa. N.T. Artigo 9º - inciso IX.

Artigo 25 – Nas modalidades de unidades transportáveis e unidades móveis deverão apresentar:
I – abastecimento de água potável em quantidade suficiente ao fim a que se destina, com reservatório de água potável construído em material que:
a – não contamine a água;
b – com superfície lisa, resistente e impermeável;
c – permita fácil acesso de inspeção e limpeza;
d – possibilite seu esgotamento total;

II – reservatório para coleta dos fluidos provenientes do processo de trabalho desenvolvido na unidade com as seguintes características:
a – construído com material resistente;
b – com superfície lisa e impermeável;
c – que permita fácil acesso de inspeção e limpeza;
d – que possibilite seu esgotamento total na rede pública de esgoto ou outro dispositivo aprovado pelas normas técnicas da ABNT, sendo obrigatória sua limpeza e desinfecção periódicas.

OBS – Entende-se por:

Unidade transportável : aquela instalada em locais previamente estruturados e com permanência provisória devendo, para tanto, apresentar equipamento adaptado e adequado ao atendimento odontológico. N.T. Artigo 10 - inciso II – letra a.

Unidade móvel : aquela caracterizada por ser instalada sobre um veículo automotor, ou por ele tracionado. N.T. Artigo 10 – inciso II – letra b.
 Os procedimentos odontológicos, nos termos do Artigo 10 da N.T. aprovada pela Resolução SS – 15, de 18 de janeiro de 1999, podem ser executados nas seguintes modalidades:

Intra estabelecimento : aqueles realizados dentro da área física do estabelecimento de assistência odontológica;

- Extra estabelecimento : aqueles realizados fora da área física do estabelecimento de assistência odontológica Consultório Odontológico o uso das seguintes unidades: Unidade transportável, Unidade móvel e Unidade de atendimento portátil caracterizada, essa última, pelo atendimento de pacientes com equipamentos portáteis voltadas, principalmente, nos casos de impossibilidade de locomoção do paciente, inclusive nos casos de pacientes hospitalizados.

ÁREA DE ESPERA
Características

A área de espera deve apresentar mínimo de 10 metros quadrados, exceto os Consultórios Odontológicos tipos I e II cuja área deve ter a metragem compatível com o número de pacientes atendidos.
Essa área deverá ter as seguintes características mínimas. nos termos do Artigo 26 da N.T. aprovada pela Resolução SS – 15, de 18 de janeiro de 1999:
I – proporcionar condições para que os pacientes aguardem sentados;
II – possuir ventilação, natural e/ou artificial que possibilite circulação e renovação de ar.
Nos termos do Artigo 30 da N.T. retro citada, nas modalidades de atendimento extra estabelecimento não existe necessidade de área específica para espera de pacientes, entretanto recomenda-se que o espaço para tanto seja abrigado e observe proximidade com a área de atendimento.

ÁREA DE ATENDIMENTO
Metragem

Artigo 27 – Os estabelecimentos de assistência odontológica deverão respeitar os seguintes limites mínimos para as áreas físicas onde serão realizados procedimentos e área de espera:
Consultórios odontológicos tipos I e II – 6 metros quadrados.

OBS – Entende por:

- Consultório odontológico tipo I - o estabelecimento de assistência odontológica caracterizado por possuir somente um conjunto de equipamento odontológico, podendo fazer uso ou não de equipamento de Raios – X odontológico. N.T. – Artigo 9º - inciso I.
- Consultório odontológico tipo II - o estabelecimento de assistência odontológica caracterizado por possuir somente um conjunto de equipamento odontológico, e que mantém anexo, laboratório de prótese odontológica, podendo fazer uso ou não de equipamento de Raios – X odontológico. N.T. – Artigo 9º - inciso II.

Clínicas odontológicas tipos I e II e Policlínica ; 6 metros quadrados por consultório instalado : mínimo de 10 metros quadrados.

Clínica Modular e Policlínica de ensino odontológico : 6 metros quadrados por cadeira odontológica: mínimo de 10 metros quadrados.

Instituto de Radiologia – Instituto de Odontorradiologia – 6 metros quadrados por aparelho de radiação ionizante instalado, obedecendo à proporção de um aparelho por sala.

Instituto de Documentação odontológica : 6 metros quadrados por aparelho de radiação

ionizante instalado, obedecendo a proporção de um aparelho por sala, e 6 metros quadrado por consultório instalado para realização das demais atividades.

Artigo 28 – Todos os estabelecimentos de assistência odontológica devem ser providos, além das áreas para procedimentos odontológicos e para espera de pacientes:
I – local para arquivo;
II – local para armazenagem e acondicionamento de instrumentais e medicamentos.

Artigo 29 – Na modalidade de atendimento extra estabelecimento deverá haver área física suficiente para a instalação dos seus equipamentos proporcionando condições favoráveis de trabalho à equipe de saúde bucal.

Há, ainda, que se considerar o que dispõe o Decreto Nº 12.342, de 27 de setembro de 1978 em seus Artigos:
Artigo 255 - Os locais destinados à assistência odontológica, tais como clínicas dentárias (oficiais ou particulares) , clínicas dentárias especializadas e policlínicas dentárias populares, prontos- socorros odontológicos, institutos odontológicos e congêneres, além das exigências referentes à habitação e aos estabelecimentos de trabalho em geral, deverão satisfazer mais as seguintes:
....
III – compartimentos providos de portas, separados até o forro por paredes ou divisões ininterruptas ....

Artigo 256 – Os estabelecimentos de que trata este capítulo devem ter entrada independente, não podendo suas dependências ser utilizadas para outros fins, nem servir de passagem para outro local.

SANITÁRIOS
NT aprovada pela Resolução SS – 15, de 18.01.99
Artigo 31 – Os estabelecimentos de assistência odontológica do tipo Consultório Odontológico deverão dispor de compartimento sanitário para o público, não necessariamente na área física delimitada pelo estabelecimento, mas respeitada uma proximidade a esta.

Artigo 32 – As clínicas odontológicas, clínicas modulares, policlínicas odontológicas, institutos de radiologia e institutos de documentação odontológica deverão prever compartimento sanitário para:
a – funcionários da equipe de saúde bucal;
b – para o público do estabelecimento.

DIVISÓRIAS

Todos os compartimentos dos estabelecimentos de assistência odontológica limítrofes à área de atendimento devem ser separados paredes ou divisória até o teto.

O Anexo II da Resolução SS – 15, de 18 de janeiro de 1999 constitui o Roteiro Básico de

Inspeção dos Estabelecimentos de Assistência Odontológica e a não observância de qualquer dos seus itens implica no indeferimento do Licenciamento e/ou na aplicação do Auto de Infração.

O item V – 1. exige : Área de atendimento delimitada por parede ou divisória até o teto,

com ligação de esgoto próprio para cada consultório".[121]

E – Consolidação das Normas para Procedimentos nos Conselhos Regionais - DECRETO Nº 68.704, DE 03 DE JUNHO DE 1971
Regulamenta a Lei nº 4.324, de 14 de abril de 1964.

O Presidente da República, usando da atribuição que lhe confere o artigo 81, item III, da Constituição, e tendo em vista o disposto no artigo 30 da Lei nº 4.324, de 14 de abril de 1964, decreta:

CAPÍTULO I

INTRODUÇÃO

Art. 1º- O Conselho Federal e os Conselhos Regionais de Odontologia, instituídos pela Lei nº4.324, de 14 de abril de 1964, tem por finalidade a supervisão da ética profissional em todo o território nacional, cabendo-lhes zelar e trabalhar pelo bom conceito da profissão e dos que a exercem legalmente.
Parágrafo único. Cabem aos Conselhos Federal e Regionais; ainda, como órgãos de seleção, a disciplina e a fiscalização da Odontologia em todo o País, a defesa do livre exercício da profissão, bem como o julgamento das infrações à Lei e à Ética.
Art. 2º- O Conselho Federal e os Conselhos Regionais constituem, em seu conjunto, uma Autarquia, com personalidade jurídica de direito público, dotados, os Conselhos Regionais, de autonomia administrativa e financeira; sem prejuízo da subordinação ao Conselho Federal, na forma da Lei 4.324, de 14 de abril de 1964, e do presente regulamento.
Parágrafo único. A Autarquia vincula-se ao Ministério do Trabalho e Previdência Social, para os fins do Decreto Lei nº 968, de 13 de outubro de 1969.
Art. 3º- O Conselho Federal de Odontologia tem por sede a capital da República.
Art. 4º- Em cada Capital de Estado, de Território e no Distrito Federal haverá um Conselho Regional de Odontologia, denominado segundo a sua jurisdição, a qual alcançará, respectivamente, a do Estado, a do Território e a do Distrito Federal.
Parágrafo único. Se o número de profissionais de um Estado ou Território não oferecer condições de ordenamento para instalação de um Conselho Regional, poderá o Conselho Federal incorporar os profissionais da região ao Conselho Regional que oferecer melhores condições de comunicação e assistência.

CAPÍTULO II

---
[121] SÃO PAULO (Capital). Resolução SS – 15, de 18 de janeiro de 1999 Aprova N.T. Norma Técnica. **Estabelece condições para instalação e funcionamento de estabelecimentos de assistência odontológica, e dá providências correlatas**, 1999.

DO CONSELHO FEDERAL DE ODONTOLOGIA

Art. 5º- O Conselho Federal de Odontologia compõe-se de 9 (nove) membros efetivos e de igual número de suplentes, com mandato trienal, eleitos por escrutínio secreto e maioria de votos em assembléia dos delegados-eleitores dos Conselhos Regionais.

Art. 6º- O mandato dos membros do Conselho Federal de Odontologia será meramente honorífico, exigindo-se, como requisitos para a eleição, a nacionalidade brasileira, a qualidade de cirurgião-dentista e inscrição em Conselho Regional.

Parágrafo único. É vedada a acumulação de mandato de membro do Conselho Federal com o de membro de Conselho Regional.

Art. 7º- Na primeira reunião ordinária do Conselho Federal será eleita a sua Diretoria, constituída de Presidente, Vice-Presidente, Secretário-Geral e Tesoureiro, escolhidos dentre os seus membros efetivos.

Parágrafo único. Qualquer membro da Diretoria poderá ser substituído por deliberação de 2/3 (dois terços) de votos do Conselho, desde que a medida seja proposta e aprovada pelo Plenário.

Art. 8º- Dar-se-á a convocação de suplente nos casos de impedimentos, afastamento ou vaga de membro efetivo.

Parágrafo único. O Presidente poderá convocar suplente para formar o plenário, em caso de falta ou impedimento ocasional do titular.

Art. 9º - São atribuições do Conselho Federal:

a) organizar o seu regimento interno;

b) aprovar os regimentos internos organizados pelos Conselhos Regionais;

c) eleger a própria Diretoria;

d) votar e alterar o Código de Ética Profissional Odontológica, ouvidos os Conselhos Regionais;

e) promover quaisquer diligências ou verificações relativas ao funcionamento dos Conselhos Regionais e adotar, quando necessário, providências convenientes, inclusive a designação de diretoria provisória;

f) propor ao Governo Federal a emenda ou alteração deste regulamento;

g) expedir as instruções necessárias ao bom funcionamento dos Conselhos Regionais;

h) tomar conhecimento de quaisquer dúvidas suscitadas pelos Conselhos Regionais e dirimi-las;

i) em grau de recurso, por convocação dos Conselhos Regionais ou de qualquer interessado, deliberar sobre inscrição de profissionais, nos Conselhos Regionais e sobre penalidades impostas pelos referidos Conselhos;

j) proclamar os resultados das eleições dos membros do Conselho Federal para o triênio subseqüente, e dos Conselhos Regionais para o biênio subseqüente;

l) aplicar aos membros dos Conselhos Regionais, e aos próprios, as penalidades que couberem pelas faltas praticadas no exercício de seu mandato;

m) aprovar o Orçamento anual próprio e dos Conselhos Regionais;

n) aprovar, anualmente, as contas próprias e a dos Conselhos Regionais, encaminhando-as, dentro dos prazos legais, à apreciação do Tribunal de Contas da União.

Art. 10º - A renda do Conselho Federal será constituída de:

a) 20% (vinte por cento) da totalidade da contribuição sindical, paga pelos Cirurgiões-Dentistas;

b) 1/3 (um terço) das anuidades cobradas pelos Conselhos Regionais;

c) 1/3 (um terço) da taxa de expedição das carteiras profissionais;

d) 1/3 (um terço) das multas aplicadas pelos Conselhos Regionais;
e) doações e legados;
f) subvenções oficiais;
g) bens e valores adquiridos;

CAPÍTULO III

DOS CONSELHOS REGIONAIS

Art. 11º- Cada Conselho Regional compõem-se de 5 (cinco) membros efetivos e de outros tantos suplentes, com mandato bienal, eleitos em votação secreta, por maioria absoluta de votos dos Cirurgiões-Dentistas inscritos, na respectiva região.

§ 1º- O mandato dos membros dos Conselhos Regionais de Odontologia será meramente honorífico, exigindo-se como requisitos para a eleição, a nacionalidade brasileira, a qualidade de Cirurgião-Dentista e inscrição no Conselho Regional respectivo.

§ 2º- Além dos requisitos mencionados no § 1º, não poderá candidatar-se a membro do Conselho Regional o cirurgião-dentista que tenha sofrido penalidade que implique na suspensão temporária do exercício da profissão.

Art. 12º- Na primeira reunião ordinária do Conselho Regional, será eleita, dentre os seus membros efetivos, a sua Diretoria, composta de Presidente, Secretário e Tesoureiro.

Parágrafo Único - Os membros da Diretoria serão substituídos, nas suas faltas ou impedimentos, na forma estabelecida no seu Regimento Interno.

Art. 13º- Dar-se-á a convocação do suplente nos casos de impedimento, afastamento ou vaga do Conselheiro efetivo.

Art. 14º- Em caso de necessidade a critério da Diretoria, os suplentes poderão ser convocados para auxiliar o Conselho Regional no estudo de processos.

Parágrafo Único- Os suplentes poderão também ser convocados como membros de Comissões e participar das reuniões, não tendo, porém, direito a voto.

Art. 15º- A Comissão de Tomada de Contas e a Comissão de Ética deverão ser constituídas por Conselheiros efetivos e suplentes, e as demais Comissões, que vierem a ser criadas pelos Conselhos Regionais, poderão ser constituídas por Conselheiros suplentes e Cirurgiões-Dentistas devidamente inscritos no Conselho Regional da Jurisdição a que pertencerem.

Art. 16º- Os Conselhos Regionais poderão designar representante em cada município do território de sua jurisdição.

Art. 17º- Constituem a Assembléia-Geral de cada Conselho Regional os Cirurgiões-Dentistas inscritos, que se acharem no gozo de seus direitos e quites com a Tesouraria.

Parágrafo Único- A inscrição secundária não autoriza o Cirurgião-Dentista a participar da Assembléia do Conselho no qual estiver inscrito nesta qualidade.

Art. 18º- A Assembléia Geral, dirigida pelo Presidente do Conselho Regional respectivo, reunir-se-á ordinariamente uma vez por ano, em primeira convocação com maioria absoluta de seus membros e, em segunda convocação, com qualquer número de membros presentes.

§ 1º- No ano da eleição do Conselho Regional, a Assembléia Geral será realizada de 30 a 45 dias antes da data fixada para essa eleição.

§ 2º- As deliberações da Assembléia-Geral serão tomadas por maioria de votos dos presentes.

Art. 19º- À Assembléia Geral compete:

I- Examinar e discutir o relatório anual e as contas da Diretoria;

II - Autorizar a alienação de bens patrimoniais do Conselho;

III - Fixar ou alterar o valor das taxas, emolumentos e contribuições cobradas pelo Conselho;

IV- Deliberar sobre as questões ou consultas submetidas à sua decisão pelo Conselho ou pela Diretoria;

V- Eleger um delegado e respectivo suplente para eleição dos membros efetivos e suplentes do Conselho Federal.

Art. 20º- Aos Conselhos Regionais compete:

a) deliberar sobre inscrição e cancelamento, em seus quadros, de profissionais legalizados;

b) fiscalizar o exercício da profissão;

c) deliberar sobre assuntos atinentes à ética profissional, impondo aos infratores as devidas penalidades;

d) elaborar o seu regimento interno, submetendo-o à aprovação do Conselho Federal;

e) sugerir ao Conselho Federal as medidas necessárias à regularidade dos serviços e à fiscalização do exercício profissional;

f) dirimir dúvidas relativas à competência e ao âmbito das atividades profissionais, com recurso suspensivo para o Conselho Federal;

g) expedir carteiras aos profissionais inscritos em seus quadros;

h) promover, por todos os meios ao seu alcance, o perfeito desempenho técnico-científico e moral da Odontologia, da profissão e dos que a exercem;

i) publicar relatórios anuais dos seus trabalhos e a relação dos profissionais inscritos;

j) exercer os atos de jurisdição que, por lei, lhes sejam cometidos;

l) designar um representante em cada município de sua jurisdição;

m) submeter à aprovação do Conselho Federal o Orçamento e as contas anuais.

Art. 21º- A renda dos Conselhos Regionais será constituída de:

a) taxa de inscrição;

b) emolumentos e contribuições;

c) 2/3 (dois terços) da taxa de expedição de carteiras profissionais;

d) 2/3 (dois terços) das anuidades pagas pelos profissionais inscritos no Conselho;

e) 2/3 (dois terços) das multas aplicadas;

f) doações e legados;

g) subvenções oficiais;

h) bens e valores adquiridos;

§ 1º- É vedada aos Conselhos Regionais a cobrança de quaisquer taxas não previstas expressamente neste artigo.

§ 2º- A anuidade não poderá ser inferior a 30% (trinta por cento) do salário mínimo regional.

CAPÍTULO IV

DA INSCRIÇÃO NO CONSELHO REGIONAL

Art. 22º- Somente estará habilitado ao exercício profissional da Odontologia, o cirurgião-dentista inscrito no Conselho Regional de Odontologia, sob cuja jurisdição tiver lugar a sua atividade.

Parágrafo Único- O exercício de atividades profissionais privativas do cirurgião-dentista obriga à inscrição no respectivo Conselho Regional.

Art. 23º- A inscrição deverá ser requerida ao Presidente do Conselho Regional, com a declaração de nome completo, filiação, data e lugar do nascimento, nacionalidade, estado civil, endereço da residência e do local de trabalho, juntando o interessado, além do título ou certificado profissional, carteira de identidade e, quando se tratar de brasileiro nato ou naturalizado, prova de quitação com o serviço militar e com as obrigações eleitorais.

Parágrafo Único- O Conselho Regional poderá exigir do requerente outras informações ou documentos, desde que os considere necessários ou imprescindíveis para o deferimento da inscrição.

Art. 24º- A inscrição do profissional somente será considerada autorizada depois de aprovada em reunião do Conselho Regional, à vista de parecer do Conselheiro Relator, e efetivada após o pagamento das taxas devidas.

Parágrafo Único- O Conselho Regional registrará em livro próprio, de folhas numeradas e rubricadas, a inscrição aprovada, nele lançando o número atribuído ao profissional e de elementos necessários de identificação.

Art. 25º -Somente poderá ser deferida a inscrição, no Conselho Regional, ao profissional que apresentar um dos seguintes documentos originais:

a) diploma de Cirurgião-Dentista registrado nos termos da legislação em vigor;

b) diploma de Cirurgião-Dentista expedido por Faculdade estrangeira, revalidado e devidamente legalizado.

c) diploma de Cirurgião-Dentista expedido por Faculdade que funcionou com autorização de governo estadual, desde que o portador se tenha beneficiado do Decreto-Lei nº 7.718, de 09 de julho de 1945;

d) licença de Dentista prático expedida por órgão sanitário estadual dentro do prazo estabelecido no Decreto nº 23.540, de 04 de dezembro de 1933, desde que o licenciamento tenha sido requerido até 30 de junho de 1934.

§ 1º- Quando se tratar de profissional beneficiado pelo Decreto-Lei nº 7.718, de 09 de julho de 1945, referido na alínea "c" deste artigo, o Conselho Regional fará constar da carteira profissional a impossibilidade de transferência para outro Estado e, no caso de dentista prático, referido na alínea "d", a autorização de exercício da Odontologia somente na localidade para a qual foi licenciado.

§ 2º- A inscrição dos profissionais registrados nos órgãos de Saúde Pública até 14 de abril de 1964, poderá ser feita independentemente da apresentação dos diplomas, mediante certidão fornecida pelas repartições competentes.

Art. 26º- O Conselho Regional publicará, no seu boletim, ou no órgão oficial do território de sua jurisdição, a relação dos profissionais inscritos no trimestre, e, em separata, a relação completa dos profissionais integrantes dos seus quadros, com número da inscrição no Conselho.

Art. 27º- Ao profissional inscrito, o Conselho expedirá uma carteira, conforme modelo único que for aprovado pelo Conselho Federal, a qual o habilitará ao exercício da Odontologia.

§ 1º- A carteira profissional de que trata este artigo valerá como documento de identidade e terá fé pública na forma do artigo 15 da Lei nº 4.324, de 14 de abril de 1964.

§ 2º- No prontuário do Cirurgião-Dentista serão feitas as anotações relativas à atividade profissional, inclusive elogios e penalidades, a critério do Conselho.

§ 3º- Quando deixar de exercer atividade odontológica, o profissional restituirá a carteira ao Conselho em que estiver inscrito.

Art. 28º- Após a inscrição do profissional nos Conselhos, será aposto no verso do diploma um carimbo do qual constem os dados da inscrição, assinado pelo Presidente e

Secretário do Conselho.

Parágrafo Único- Nos casos de profissionais formados por Escolas ou Faculdades extintas, que não possuam diplomas, o carimbo acima referido será aposto nas certidões fornecidas pelo Ministério da Educação e Cultura pelo Ministério da Saúde.

Art. 29º- Se o cirurgião-dentista inscrito em um Conselho Regional de Odontologia passar a exercer suas atividades na região jurisdicionada por outro Conselho Regional, ficará obrigado a nele requerer inscrição ou a solicitar visto em sua carteira.

§ 1º- Se se tratar de exercício temporário noutra região, assim entendido o período de tempo inferior a 90 (noventa) dias, o Cirurgião-Dentista apresentará sua carteira para ser visada pelo Presidente do Conselho Regional da nova jurisdição, que anotará o caráter temporário da autorização e o prazo concedido.

§ 2º- Se se tratar de exercício em caráter permanente, deixando o Cirurgião-Dentista de exercer atividades na região em que estava anteriormente inscrito, fica o mesmo obrigado a requerer a transferência de sua inscrição para o Conselho que jurisdiciona o novo local de

suas atividades.

§ 3º- A atividade odontológica permanente e simultânea, nas jurisdições de mais de um Conselho Regional, determina a obrigatoriedade de inscrição do Cirurgião-Dentista em cada um desses Conselhos Regionais, constituindo-se a primeira em inscrição principal e as outras em inscrições secundárias, todas anotadas na respectiva carteira de identidade profissional.

§ 4º- O Conselho Regional quer receber pedido de inscrição secundária ou de transferência, poderá exigir do interessado a apresentação de todos os documentos necessários para inscrição no seu quadro.

CAPÍTULO V

DAS PENALIDADES

Art. 30º- Compete ao Conselho Regional, em que se achava inscrito o cirurgião-dentista ao tempo do fato passível de punição, aplicar a penalidade.

Parágrafo Único- A jurisdição disciplinar estabelecida neste artigo não derroga a jurisdição comum, quando o fato constitua contravenção ou crime previsto em lei.

Art. 31º- As penas disciplinares aplicáveis pelos Conselhos Regionais aos cirurgiões-dentistas inscritos são as seguintes:

a) advertência confidencial, em aviso reservado;
b) censura confidencial, em aviso reservado;
c) censura pública, em publicação oficial;
d) suspensão do exercício profissional até 30 (trinta) dias;
e) Cassação do exercício profissional, "ad referendum" do Conselho Federal.

Parágrafo Único- Salvo os casos de gravidade manifesta, que exijam aplicação imediata de penalidade mais grave, a imposição das penas obedecerá à gradação deste artigo.

CAPÍTULO VI

DO PROCESSO ADMINISTRATIVO
POR INFRAÇÃO À LEI

Art. 32º- Os processo de infração serão iniciados:
a) por provocação de Conselheiro;
b) por provocação de Sindicato ou de Associação de Classe;
c) por denúncia de profissional habilitado ou de terceiro;
d) por provocação de fiscal do Conselho.

§ 1º- Na hipótese de denúncia, o denunciante formulará a mesma por escrito, em 2 (duas) vias, com firma reconhecida na primeira, apontando os fatos incriminados.

§ 2º- Quando o denunciado for Conselheiro, a denúncia será processada se forem indicados os elementos probatórios do fato alegado.

Art. 33º- Recebida a denúncia, o Presidente do Conselho, se julgar necessário, imediatamente mandará investigar os fatos incriminados, por intermédio de seu serviço de fiscalização ou, se considerar provada a infração, mandará lavrar o auto respectivo.

Parágrafo Único- O auto de infração deverá ser subscrito por um dos Diretores do Conselho e qualificará o ilícito administrativo apontado e a pena cabível.

Art. 34º- Quando os fatos incriminados envolverem infração ao Código de Ética, o auto de infração somente será lavrado com base em parecer escrito da respectiva comissão.

Art. 35º- No auto de infração dar-se-á ao infrator o prazo de 10 (dez) dias para defesa e prova, o qual se contará da data de entrega da cópia do auto.

§ 1º- A remessa, quando feita pelo correio, se fará com aviso de recepção.

§ 2º- Quando o infrator se recusar a receber a cópia do auto de infração ou obstruir o seu recebimento, prosseguir-se-á com o processo, nele fazendo constar a recusa ou obstrução.

§ 3º- Na hipótese de não ser encontrado o infrator, o processo correrá à revelia, sendo designado, pelo Presidente do Conselho, Defensor Dativo.

§ 4º- O defensor dativo não poderá ser Conselheiro Efetivo ou Suplente.

Art. 36. Depois de apresentada a defesa, o processo será distribuído a um Conselheiro, para relatar o feito.

Parágrafo único. Antes de proferir o seu parecer, que deverá ser conclusivo, o relator poderá determinar que sejam apresentadas provas complementares ou solicitar esclarecimento sobre questão de direito.

Art. 37º- O julgamento poderá ser convertido em diligência, para elucidação de fatos ou de questão de direito.

Art. 38º- O resultado do julgamento deverá ser comunicado ao infrator, por escrito, concedendo-se-lhe o prazo de 30 (trinta) dias para recurso.

§ 1º- Quando cominada penalidade de multa, o recurso somente terá prosseguimento se o recorrente depositar o respectivo valor no prazo do recurso.

§ 2º- O recurso só terá efeito suspensivo quando a decisão cominar pena de suspensão ou cassação do exercício profissional.

§ 3º- O recurso será encaminhado ao Conselho Federal acompanhado de todo o processo de infração e de informação do Conselho Regional.

Art. 39º- O Conselho Federal apreciará o recurso depois de relatado por um de seus Conselheiros.

Parágrafo Único- Da decisão do Conselho Federal não caberá recurso, salvo da que envolver cassação de mandato de Conselheiro.

Art. 40º- Proferida a decisão, os autos baixarão ao Conselho Regional para execução do julgado.

Art. 41º- Julgado improcedente o recurso, na hipótese de multa, o depósito será apropriado como pagamento.

Art. 42º- Na hipótese de suspensão ou cassação do exercício profissional, o Conselho Regional notificará por escrito ao interessado, para recolhimento da Carteira profissional, e comunicará o fato à autoridade sanitária da região e aos órgãos públicos competentes, quando o infrator exercer função pública.

Art. 43º- Na hipótese de cassação de mandato de Conselheiro, caberá recurso de revisão, com efeito suspensivo, a ser interposto no prazo de 15 (quinze) dias, dirigido ao próprio Conselho Federal.

Art. 44º- O interessado poderá acompanhar o processo de infração, pessoalmente, ou através de procurador legalmente constituído.

CAPÍTULO VII

DA COBRANÇA JUDICIAL DA DÍVIDA ATIVA

Art. 45º- A cobrança judicial da dívida ativa dos Conselhos Federal e Regionais de Odontologia será feita pelo processo executivo fiscal, regulado no Decreto-Lei nº 960, de 17 de dezembro de 1938 e legislação subseqüente.

Parágrafo Único- Entende-se por dívida ativa a proveniente de taxas, multas, anuidades, contribuições e emolumentos.

Art. 46º- Não se efetuando o pagamento amigável da dívida ativa, o Conselho Regional procederá a sua inscrição no livro competente nele fazendo constar:
I- a sua origem e natureza;
II - a quantia devida;
III - o nome do devedor e, sempre que possível, o seu domicílio e endereço.

Art. 47º- Para início do processo, extrair-se-á a certidão da dívida ativa, procedendo-se à cobrança judicial.

CAPÍTULO VIII

DAS ELEIÇÕES

Art. 48º- Os membros efetivos e suplentes do Conselho Federal de Odontologia serão eleitos pelos Delegados-Eleitores dos Conselhos Regionais em pleito que deverá realizar-se, pelo menos, 30 (trinta) dias antes do término do mandato dos Conselheiros em exercício.

§ 1º- É inelegível para a função de Delegado-Eleitor e de seu suplente o Cirurgião-Dentista que presidir a Assembléia em que os mesmos forem eleitos.

§ 2º- A Assembléia dos Delegados-Eleitores será convocada pelo Presidente do Conselho Federal, através de publicação no "Diário Oficial" da União e de correspondência pessoal, dirigida aos Delegados-Eleitores, com a antecedência mínima de 30 (trinta) dias da data marcada para sua realização.

§ 3º- A data do pleito, fixada pelo Conselho Federal, será anunciada no "Diário Oficial" da União pelo menos 120 (cento e vinte) dias antes da respectiva realização.

§ 4º- Até 60 (sessenta) dias antes da data fixada para o pleito serão recebidas na Secretaria do Conselho Federal as inscrições de chapas, contendo, cada uma, 9 (nove) nomes de candidatos a membros efetivos e igual número de candidatos a suplentes, acompanhadas do "*curriculum vitae*" de cada candidato.

§ 5º- Poderão integrar as chapas os Cirurgiões-Dentistas de nacionalidade brasileira, inscritos em Conselho Regional, que não tenham sofrido penalidades, não possuam restrição geográfica ao exercício profissional, e não sejam Delegados-Eleitores.

§ 6º- O Presidente do Conselho Federal declarará inscrita a chapa apresentada:
a) por 20 (vinte) cirurgiões-dentistas, ou
b) por 5 (cinco) presidentes de Conselho Regional.

§ 7º- Cada signatário somente poderá subscrever o pedido de inscrição de uma chapa.

§ 8º- As chapas serão numeradas de acordo com a ordem de entrada dos respectivos requerimentos na Secretaria do Conselho Federal.

§ 9º- Até 50 (cinqüenta) dias antes da data marcada para o pleito, o Conselho Federal remeterá a todos os Conselhos Regionais a relação das chapas inscritas, com os nomes dos respectivos requerentes e o "curriculum vitae" de cada candidato.

§ 10º- As impugnações a qualquer nome ou chapa poderão ser feitas por escrito e justificadamente até 30 (trinta) dias antes da data fixada para o pleito, devendo ser imediatamente apreciadas pela Diretoria do Conselho Federal.

§ 11º- Verificada a procedência da impugnação, o Conselho Federal notificará seus signatários, dando-lhes o prazo de 10 (dez) dias para a substituição do nome ou chapa impugnada.

§ 12º- Constatada a maioria absoluta dos votantes para uma das chapas, o Presidente da Assembléia proclamará o resultado da eleição e fará lavrar a ata respectiva, a qual será subscrita pelo Presidente e por todos os Delegados-Eleitores.

§ 13º- Caso não seja alcançado o "quorum" legal, proceder-se-á imediatamente à segunda eleição, a esta concorrendo apenas as duas chapas mais votadas.

Art. 49º- Os membros efetivos e suplentes dos Conselhos Regionais serão eleitos por maioria absoluta de votos dos Cirurgiões-Dentistas inscritos no seu quadro, em eleição que deverá realizar-se, pelo menos, 60 (sessenta) dias antes do término do mandato dos Conselheiros em exercício.

§ 1º- Os candidatos deverão organizar chapas contendo 5 (cinco) nomes para membros efetivos e 5 (cinco) para suplentes.

§ 2º- Efetuar-se-á a inscrição das chapas por solicitação de, pelo menos, 10 (dez) Cirurgiões-Dentistas inscritos, quites com a Tesouraria e no pleno gozo de seus direitos profissionais. A inscrição deverá anteceder de 30 (trinta) dias a data marcada para a eleição, podendo haver impugnação de nomes ou da chapa inscrita dentro de 72 (setenta e duas) horas, desde que fundamentada e subscrita por 10 (dez) ou mais Cirurgiões-Dentistas.

§ 3º- A impugnação de candidato ou chapa somente poderá ser decretada por votação de 4/5 (quatro quintos) dos membros do Conselho Regional.

§ 4º- No caso de ser reconhecida pelo Conselho Regional, a impugnação, a chapa atingida terá o prazo de 3 (três) dias para substituir o nome ou os nomes impugnados.

Art. 50º- A eleição será anunciada no órgão oficial do Estado, do Território ou do Distrito Federal, e em jornal de grande circulação, com 30 (trinta) dias de antecedência.

§ 1º- O voto é obrigatório e pessoal em cada eleição, salvo ausência por motivo de doença ou força maior, comprovados, plenamente, dentro de 8 (oito) dias da realização do pleito.

§ 2º- Por falta injustificada à eleição incorrerá o Cirurgião-Dentista em multa de 5% (cinco por cento) do maior salário-mínimo vigente no país, paga em dobro na reincidência.

§ 3º- O Cirurgião-dentista que se encontrar ausente de sua zona eleitoral poderá votar por correspondência, em dupla sobrecarta, opaca, fechada, remetida ao Presidente do Conselho Regional, através de ofício com firma reconhecida, e postada sob registro nos

Correios e Telégrafos.

§ 4º- Serão computadas as cédulas recebidas, com as formalidades do parágrafo anterior, até o momento de encerrar-se a votação. A sobrecarta maior será aberta pelo Presidente do Conselho, que depositará a sobrecarta menor na urna, sem violar o segredo do voto.

§ 5º- Em cada eleição, os votos serão recebidos durante 6 (seis) horas consecutivas, pelo menos.

Art. 51º- A eleição para o Conselho Regional será feita por escrutínio secreto, na sede do Conselho, podendo haver outros locais para o recebimento dos votos, quando o número de votantes for superior a 200 (duzentos), permanecendo, neste caso, cada local, 3 (três) profissionais designados pelo Conselho.

§ 1º- O Conselho Regional poderá dividir o território de sua jurisdição em zonas eleitorais, para efeito de instalação de mesas receptoras de votos, de modo que cada uma tenha no mínimo 200 (profissionais) em condições de votar, designando para cada zona uma junta eleitoral composta de 3 (três) membros.

§ 2º- Após o encerramento da votação, o Presidente de cada mesa receptora mandará lavrar ata dos trabalhos, na qual serão declarados o número de votos tomados e as ocorrências.

§ 3º- A ata dos trabalhos, a urna e as folhas de votação serão remetidas através de um dos membros da mesa para a sede do Conselho, em invólucro lacrado, que levará as assinaturas dos mesários e dos fiscais.

§ 4º- A zona eleitoral de que trata o § 1º poderá abranger diversos municípios limítrofes, devendo os componentes da junta eleitoral serem escolhidos preferentemente entre os representantes do Conselho na região.

§ 5º- Para votar, o eleitor identifica-se perante a mesa, assina a lista de votação, recebe a cédula única na qual estejam inscritas as chapas concorrentes, identificadas por número de ordem do pedido de registro; dirige-se à cabine, dobra a cédula e deposita-a na urna.

Art. 52º- O Presidente do Conselho, recebidas as urnas eleitorais, determinará, no prazo máximo de 5 (cinco) dias, a sua apuração.

§ 1º- O voto por correspondência somente será apurado se recebido até o encerramento da votação.

§ 2º- Concluída a apuração, o Presidente do Conselho declarará eleita a chapa que obtiver maioria absoluta dos votos dos Cirurgiões-Dentistas inscritos e comunicará o resultado ao Conselho Federal de Odontologia, para proclamação.

§ 3º- Se não for obtida a maioria absoluta, a eleição se repetirá dentro de 20 (vinte) dias, com as duas chapas mais votadas, considerando-se eleita a que obtiver a maioria absoluta de votantes.

§ 4º- Persistindo a falta de número, o Presidente do Conselho Federal de Odontologia, ouvido o Plenário, nomeará Cirurgiões-Dentistas, para integrarem, em caráter provisório, o Conselho Regional, nos termos da alínea "e", do artigo 4º da Lei nº 4.324, de 14 de abril de 1964.

Art. 53º- Não havendo recurso fundamentado no prazo de 72 (setenta e duas) horas, o Conselho Federal de Odontologia proclamará o resultado da eleição.

Art. 54º- Proclamado o resultado da eleição, os novos membros do Conselho Regional serão empossados pelo Presidente cujo mandato se extingue.

CAPÍTULO IX

DISPOSIÇÕES GERAIS

Art. 55º- O Conselho Federal poderá intervir nos Conselhos Regionais, designando Diretoria provisória para sanar irregularidades e promover eleições, numa das seguintes hipóteses:
a) inoperância manifesta do Conselho Regional;
b) inobservância, por parte do Conselho, das normas legais ou das resoluções do Conselho Federal.

§ 1º- O ato de intervenção, que importará na destituição dos membros em exercício do Conselho Regional, será precedido de investigação sumária por Delegado especial e somente será decretado pelo voto de 2/3 (dois terços) do Conselho Federal.

§ 2º- A Diretoria provisória terá o prazo máximo de 180 (cento e oitenta) dias para sanar as irregularidades e convocar a eleição dos novos membros do Conselho Regional, vedada a qualquer dos integrantes da Diretoria provisória a participação nas chapas concorrentes.

§ 3º- Cumprida a sua missão, a Diretoria provisória apresentará relatório de suas atividades ao Conselho Federal, inclusive o resultado da eleição e pedido de proclamação dos eleitos.

Art. 56º- Nos prazos que forem estabelecidos em resolução, os Conselhos Regionais enviarão ao Conselho Federal a proposta orçamentária anual e a prestação de contas, bem como a demonstração da receita arrecadada, acompanhada da quota devida ao Conselho Federal.

Art. 57º- O Conselho Federal e os Conselhos Regionais de Odontologia estão sujeitos às normas estabelecidas no Código de Contabilidade Pública da União e legislação complementar.

Art. 58º- O Conselho Federal e os Conselhos Regionais de Odontologia poderão instituir periódico para divulgação de suas atividades.

Art. 59º- O pessoal a serviço do Conselho Federal e dos Conselhos Regionais de Odontologia é regido pela legislação trabalhista e inscrito no Instituto Nacional de Previdência Social.

Art. 60º- O Conselho Federal de Odontologia tomará providências junto aos órgãos competentes no sentido de lhe ser transferida importância igual a 40% (quarenta por cento) da totalidade da contribuição sindical paga pelos Cirurgiões-Dentistas no ano de 1964, na forma do art. 26 da Lei nº 4.324, de 14 de abril de 1964, e 20% (vinte por cento) da totalidade da contribuição sindical paga pelos mesmos profissionais nos anos subseqüentes, na forma do art. 8º, alínea "a", da referida Lei.

Art. 61º- Enquanto não for elaborado e aprovado pelo Conselho Federal de Odontologia o Código de Ética Odontológica, ouvidos os Conselhos Regionais, vigorará, com ressalva do seu artigo 16, o "O Código de Ética Profissional da União Odontológica Brasileira", aprovado pelo Conselho Deliberativo Nacional da União Odontológica Brasileira, atual Associação Brasileira de Odontologia, no VI Congresso Odontológico Brasileiro.

Art. 62º- De acordo com a Lei nº 4.324, de 14 de abril de 1964, o Poder Executivo tomará medidas para a instalação condigna dos Conselhos Regionais no Distrito Federal e nas Capitais dos Estados e Territórios, tanto quanto possível em edifícios públicos.

Art. 63º- O Conselho Federal de Odontologia baixará as resoluções que forem julgadas necessárias para o pleno funcionamento dos Conselhos Regionais, complementando a presente Regulamentação.

Art. 64º- O Banco do Brasil S.A. transferirá para a conta do Conselho Federal de Odontologia a quota de 20% (vinte por cento) da contribuição sindical paga pelos

Cirurgiões-Dentistas em todo o Brasil, independentemente de autorização das entidades sindicais interessadas.

Art. 65º- Este Decreto entrará em vigor na data de sua publicação, revogadas as disposições em contrário.

Brasília, 3 de julho de 1971;
150º da Independência e 83º da República.

EMÍLIO G. MEDICI
José Flávio Pécora
Jargas G. Passarinho
Júlio Barata

F – Resolução CFO - 179/91 - Código de Ética Odontológico

Código de Ética Odontológica

(APROVADO PELA RESOLUÇÃO CFO-179, DE 19 DE DEZEMBRO DE 1991)
(Alterado pelo Regulamento nº 01, de 05.06.98)
O texto baseou-se no Relatório Final da I CONFERÊNCIA NACIONAL DE ÉTICA ODONTOLÓGICA - I CONEO, realizada em Vitória(ES), pelo Conselho Federal
e Conselhos Regionais de Odontologia, em 1991.

Resolução CFO - 179/91

Revoga o Código de ética Odontológica aprovado pela Resolução CFO-151, de 16 de julho de 1983 e aprova outro em substituição.

O Presidente do Conselho federal de Odontologia, no exercício de suas atribuições regimentais, cumprindo a deliberação do Plenário, em reunião extraordinária, realizada nesta data,

RESOLVE:

Art. 1º. Fica revogado o Código de Ética Odontológica, aprovado pela resolução CFO/151, de 16 de julho de 1983.
Art. 2º. Fica aprovado o Código de ética odontológica, que com este se publica.
Art. 3º. Esta Resolução entra em vigor no dia 1 de janeiro de 1992.

Rio de Janeiro, 19 de dezembro de 1991.

ORLANDO LIMONGI, CD JOÃO HILDO DE CARVALHO FURTADO, CD
SECRETÁRIO-GERAL PRESIDENTE

CAPÍTULO I
DISPOSIÇÕES PRELIMINARES

Art. 1º. Código de Ética Odontológica regula os direitos e deveres dos profissionais e das entidades com inscrição nos Conselhos de Odontologia, segundo suas atribuições específicas.

Art. 2º. A Odontologia é uma profissão que se exerce, em benefício da saúde do ser humano e da coletividade, sem discriminação de qualquer forma ou pretexto.

CAPÍTULO II
DOS DIREITOS FUNDAMENTAIS

Art. 3º. Constituem direitos fundamentais dos profissionais inscritos, segundo suas atribuições específicas:

I - diagnosticar, planejar e executar tratamentos, com liberdade de convicção, nos limites de suas atribuições, observados o estado atual da ciência e sua dignidade profissional;
II - resguardar o segredo profissional;
III - contratar serviços profissionais de acordo com os preceitos deste Código;
IV - recusar-se a exercer a profissão em âmbito público ou privado onde as condições de trabalho não sejam dignas, seguras e salubres.

CAPÍTULO III
DOS DEVERES FUNDAMENTAIS

Art. 4º. Constituem deveres fundamentais dos profissionais inscritos:

I - exercer a profissão mantendo comportamento digno;
II - manter atualizados os conhecimentos profissionais e culturais necessários ao pleno desempenho do exercício profissional;
III - zelar pela saúde e pela dignidade do paciente;
IV - guardar segredo profissional;
V - promover a saúde coletiva no desempenho de suas funções, cargos e cidadania, independentemente de exercer a profissão no setor público ou privado;
VI - elaborar as fichas clínicas dos pacientes, conservando-as em arquivo próprio;
VII - apontar falhas nos regulamentos e nas normas das instituições em que trabalhe, quando as julgar indignas para o exercício da profissão ou prejudiciais ao paciente, devendo dirigir-se, nesses casos, aos órgãos competentes;
VII - apontar falhas nos regulamentos e nas normas das instituições em que trabalhe, quando as julgar indignas para o exercício da profissão ou prejudiciais ao paciente, devendo dirigir-se nesses casos, aos órgãos competentes;
VIII - propugnar pela harmonia na classe;
IX - abster-se da prática de atos que impliquem mercantilização da Odontologia ou sua má conceituação;
X - assumir responsabilidade pelos atos praticados;

XI - resguardar a privacidade do paciente durante todo o atendimento.

Capítulo V
DO RELACIONAMENTO

Seção I
Com o Paciente

Art. 6º. Constitui infração ética:

I - exagerar em diagnóstico, prognóstico ou terapêutica;
II - deixar de esclarecer adequadamente os propósitos, riscos, custos e alternativas do tratamento;
III - executar ou propor tratamento desnecessário ou para o qual não esteja capacitado;
IV - abandonar paciente, salvo por motivo justificável, circunstância em que serão conciliados os honorários e indicado substituto;
V - deixar de atender paciente que procure cuidados profissionais em caso de urgência, quando não haja outro cirurgião-dentista em condições de fazê-lo;
VI - iniciar tratamento de menores sem autorização de seus responsáveis ou representantes legais, exceto em casos de urgência ou emergência;
VII - desrespeitar ou permitir que seja desrespeitado o paciente;
VIII - adotar novas técnicas ou materiais que não tenham efetiva comprovação científica;
IX - fornecer atestado que não corresponda à veracidade dos fatos codificados (cid) ou dos que não tenha participado.

Seção II
Com a Equipe de Saúde:

Art. 7º. No relacionamento entre os membros da equipe de saúde serão mantidos o respeito, a lealdade e a colaboração técnico-científica.

Art. 8º. Constitui infração ética :

I - desviar cliente de colega;
II - assumir emprego ou função sucedendo o profissional demitido ou afastado em represália por atitude de defesa de movimento legítimo da categoria ou da aplicação deste código;
III - praticar ou permitir que se pratique concorrência desleal;
IV - ser conivente em erros técnicos ou infrações éticas;
V - negar, injustificadamente, colaboração técnica de emergência ou serviços profissionais a colega;
VI - criticar erro técnico-científico de colega ausente, salvo por meio de representação ao Conselho Regional;
VII - explorar colega nas relações de emprego ou quando compartilhar honorários;
VIII - ceder consultório ou laboratório, sem a observância da legislação pertinente;
IX - utilizar-se de serviços prestados por profissionais não habilitados legalmente.

Capítulo VI
DO SIGILO PROFISSIONAL

Art. 9º. Constitui infração ética:

I - revelar, sem justa causa, fato sigiloso de que tenha conhecimento em razão do exercício

de sua profissão ;
II - negligenciar na orientação de seus colaboradores quanto ao sigilo profissional.

§ 1º. Compreende-se como justa causa, principalmente:
a) notificação compulsória de doença;
b) colaboração com a justiça nos casos previstos em lei;
c) perícia odontológica nos seu exatos limites ;
d) estrita defesa de interesse legítimo dos profissionais inscritos;
e) revelação de fato sigiloso ao responsável pelo incapaz.

§ 2º. Não constitui quebra de sigilo profissional a declinação do tratamento empreendido, na cobrança judicial de honorários profissionais.

Capítulo VIII
DAS ESPECIALIDADES

Art. 12º. O exercício e o anúncio das especialidades em Odontologia obedecerão ao disposto neste Capítulo e às normas do Conselho Federal.

Art. 13º. O especialista, atendendo paciente encaminha por cirurgião-dentista, atuará somente na área da sua especialidade.

Parágrafo Único. Após o atendimento, o paciente será devolvido com os informes pertinentes.

Art. 14º. É vedado intitular-se especialista sem inscrição no Conselho Regional.

Art. 15º. Para fins de diagnóstico e tratamento o especialista poderá conferenciar com outros profissionais.

Capítulo IX
DA ODONTOLOGIA HOSPITALAR

Art. 16º. Compete ao cirurgião-dentista internar e assistir paciente em hospitais públicos e privados, com e sem caráter filantrópico, respeitadas as normas técnico-administrativas das instituições.

Art. 17º. As atividades odontológicas exercidas em hospital obedecerão às normas do Conselho Federal.

Art. 18º. Constitui infração ética, mesmo em ambiente hospitalar, executar intervenção cirúrgica fora do âmbito da Odontologia.

Capítulo X
DAS ENTIDADES PRESTADORAS DE ATENÇÃO A SAÚDE BUCAL

Art. 19º. As clínicas, cooperativas, empresas e demais entidades prestadoras e/ou contratantes de serviços odontológicos aplicam-se as disposições deste Capítulo e as do

Conselho Federal.

Art. 20º. Os profissionais inscritos, quando proprietários, ou o responsável técnico responderão solidariamente com o infrator pelas infrações éticas cometidas.

Art. 21º. As entidades mencionadas no artigo 19 ficam obrigadas a:

I - manter a qualidade técnico-científica dos trabalhos realizados;
II - proporcionar ao profissional condições mínimas de instalações, recursos materiais, humanos e tecnológicos definidas pelo Conselho Federal de Odontologia, as quais garantam o seu desempenho pleno e seguro, exceto em condições de emergência ou iminente perigo de vida;
III - manter auditorias odontológicas constantes, através de profissionais capacitados;
IV - restringir-se à elaboração de planos ou programas de saúde bucal que tenham respaldo técnico, administrativo e financeiro;
V - manter os usuários informados sobre os recursos disponíveis para atendê-los.

Art. 22º. Constitui infração ética:

I - apregoar vantagens irreais visando a estabelecer concorrência com entidades congêneres;
II - oferecer tratamento abaixo dos padrões de qualidade recomendáveis.
III - executar e anunciar trabalho gratuito com finalidade de aliciamento;
IV - anunciar especialidades sem as respectivas inscrições de especialistas no Conselho Regional;
V - valer-se do poder econômico visando a estabelecer concorrência com entidades congêneres ou profissionais individualmente;
VI - propor remuneração pelos serviços prestados por profissionais a ela vinculados em bases inferiores à Tabela Nacional de Convênios e Credenciamentos.
VIII - não manter os usuários informados sobre os recursos disponíveis para o atendimento e deixar de responder às reclamações dos mesmos.

Capítulo XII
DAS ENTIDADES DA CLASSE

Art. 25º. Compete às entidades da classe, através de seu presidente, fazer as comunicações pertinentes que sejam de indiscutível interesse público.

Parágrafo único. Esta atribuição poderá ser delegada, sem prejuízo da responsabilidade solidária do titular.

Art. 26º. Cabe ao presidente e ao infrator a responsabilidade pelas infrações éticas cometidas em nome da entidade.

Art. 27º. Constitui infração ética:

I - servir-se da entidade para promoção própria ou vantagens pessoais;
II - prejudicar moral ou materialmente a entidade;
III - usar o nome da entidade para promoção de produtos comerciais sem que os mesmos tenham sido testados e comprovada sua eficácia na forma da Lei;
IV - desrespeitar entidade, injuriar ou difamar os seus diretores.

Capítulo XIII (*)

DA COMUNICAÇÃO

Art. 28º. A comunicação em Odontologia obedecerá ao disposto neste Capítulo e às especificações dos Conselhos Regionais, aprovados pelo Conselho Federal.

Seção 1
Do Anúncio, da Propaganda e da Publicidade

Art. 29º. Os anúncios, a propaganda e a publicidade poderão ser feitos através dos veículos de comunicação, obedecidos os preceitos deste Código e da veracidade, da decência, da respeitabilidade e da honestidade.

Art. 30º. Nos anúncios, placas e impressos deverão constar:

- o nome do profissional;
- a profissão;
- o número de inscrição no Conselho Regional.

Parágrafo único. Poderão ainda constar :
I - as especialidades nas quais o cirurgião-dentista esteja inscrito;
II - os títulos de formação acadêmica "stricto sensu" e do magistério relativos à profissão;
III - endereço, telefone, fax, endereço eletrônico, horário de trabalho, convênios e credenciamentos;
IV - instalações, equipamentos e técnicas de tratamento;
V - logomarca e/ou logotipo;
VI - a expressão "CLÍNICO GERAL", pelos profissionais que exerçam atividades pertinentes à Odontologia decorrentes de conhecimentos adquiridos em curso de graduação.

Art. 31º. Constitui infração ética:

I - anunciar preços e modalidade de pagamento;
II - anunciar títulos que não possua;
III - anunciar técnicas e/ou tratamentos que não tenham comprovação científica;
IV - criticar técnicas utilizadas por outros profissionais como sendo inadequadas ou ultrapassadas;
V - dar consulta, diagnóstico ou prescrição de tratamento por meio de qualquer veículo de comunicação de massa, bem como permitir que sua participação na divulgação de assuntos odontológicos deixe de ter caráter exclusivo de esclarecimento e educação da coletividade;
VI - divulgar nome, endereço ou qualquer outro elemento que identifique o paciente, a não ser com o seu consentimento livre e esclarecido, ou de seu responsável legal;
VII - aliciar pacientes;
VIII - induzir a opinião pública a acreditar que exista reserva de atuação clínica para determinados procedimentos;
IX - anunciar especialidade odontológica não regulamentada pelo Conselho Federal de Odontologia;

X - divulgar ou permitir que sejam divulgadas publicamente observações desabonadoras sobre a atuação clínica ou qualquer manifestação relativa à atuação de outro profissional.

Art. 32. Às empresas que exploram os vários ramos da Odontologia, tais como clínicas, cooperativas, planos de assistência à saúde, convênios, credenciamentos, administradoras, intermediadoras, seguradoras de saúde e congêneres aplicam-se as normas deste Capítulo.

Capítulo XIV
DA PESQUISA CIENTÍFICA

Art. 35º. Constitui infração ética:

I - desatender às normas do órgão competente e à legislação sobre pesquisa em saúde;
II - utilizar-se de animais de experimentação sem objetivos claros e honestos de enriquecer os horizontes do conhecimento odontológico e, conseqüentemente, de ampliar os benefícios à sociedade;
III - desrespeitar as limitações legais da profissão nos casos de experiência in anima nobili;
IV - infringir a legislação que regula a utilização do cadáver para estudo e/ou exercícios de técnicas cirúrgicas;
V - infringir a legislação que regula os transplantes de órgãos e tecidos post-mortem e do "próprio corpo vivo";
VI - realizar pesquisa em ser humano sem que este ou seu responsável, ou representante legal, tenha dado consentimento, por escrito, após ser devidamente esclarecido sobre a natureza e as conseqüências da pesquisa;
VII - usar, experimentalmente sem autorização da autoridade competente, e sem o conhecimento e o consentimento prévios do paciente ou de seu representante legal, qualquer tipo de terapêutica ainda não liberada para uso no país.

Capítulo XV

DAS PENAS E SUAS APLICAÇÕES

Art. 36º. Os preceitos deste Código são de observância obrigatória e sua violação sujeitará o infrator e quem, de qualquer modo, com ele concorrer para a infração, às seguintes penas previstas no artigo 17 do Estatuto, de 10 de julho de 1998:

I - advertência reservada;

II - censura pública;

III - suspensão do exercício profissional, até cento e oitenta (180) dias, "ad referendum" do Conselho Federal;
IV - cassação do exercício profissional "ad referendum" do Conselho Federal.

(*) Redação dada pelo Estatuto aprovado em 10.07.98.

Art. 37º. Salvo nos casos de manifesta gravidade e que exijam aplicação imediata de penalidade mais grave, a imposição das penas obedecerá à gradação do artigo anterior.

Parágrafo Único. Avalia-se a gravidade pela extensão do dano e por suas conseqüências.

Art. 38º. Considera-se de manifesta gravidade, principalmente:

I - imputar a alguém fato antiético de que o saiba inocente, dando causa a instauração de processo ético;
II - acobertar ou ensejar o exercício ilegal da profissão;
III - exercer, após ter sido alertado, atividade odontológica em entidade ilegal, inidônea ou irregular;
IV - ocupar cargo cujo profissional dele tenha sido afastado por motivo de movimento classista;
V - exercer ato privativo de cirurgião-dentista, sem estar para isso legalmente habilitado;
VI - manter atividade profissional durante a vigência de penalidade suspensiva;
VII - praticar ou ensejar atividade torpe.

Art. 39º. A alegação de ignorância ou a má compreensão dos preceitos deste Código não exime de penalidade o infrator.

Art. 40º. São circunstâncias que podem atenuar a pena:

I - não ter sido antes condenado por infração ética;
II - ter reparado ou minorado o dano.

Art. 41º. Cumulativamente, poderá ser aplicada ao infrator pena pecuniária que variará de uma a cinqüenta vezes o valor da anuidade em vigor, podendo ainda ser convertida em serviço gratuito comunitário, a requerimento do apenado.

(*) Redação dada pelo Estatuto aprovado em 10.07.98.

Capítulo XVI
DISPOSIÇÕES FINAIS

Art. 42º. O profissional condenado por infração ética às penas previstas no artigo 36 deste Código, poderá ser objeto de reabilitação, na forma prevista no Código de Processo Ético Odontológico.

Art. 43º. As alterações deste Código são da competência exclusiva do Conselho Federal, ouvidos os Conselhos Regionais.

Art. 44º. Este Código entrará em vigor no dia 1º de janeiro de 1992.

G - Jurisprudência

Erro odontológico e anestésico sustará pensão mensal de quase R$ 7 mil.

Quase nove anos depois da malfadada cirurgia dentária que resultou em estado vegetativo do menor Francis Aguiar, o dentista Irani Zanettini e o médico anestesista Vilmar

Molon foram pesadamente condenados em ação cível, que tramita desde julho de 1997. A sentença é da juíza Viviane Miranda Becker, da 3ª Vara Cível de Caxias do Sul. O médico e o dentista terão que pagar pensão vitalícia de 37,95 salários mínimos mensais (R$ 6.831,00). Desde julho de 1997, os dois profissionais estão pagando 24 salários mínimos (R$ 4.320,00), para custear parte do tratamento de Francis. Também deverão pagar pensão alimentícia de um salário mínimo desde 14 de janeiro de 1993, quando Francis foi submetido ao procedimento e nunca mais saiu do estado vegetativo. O custo do tratamento varia entre R$ 5 mil e R$ 6 mil mensais, entre medicamentos, manutenção de enfermeiras, fraldas e fisioterapia. O dentista e o anestesista ainda terão que pagar R$ 130 mil, corrigidos, desde a data do fato. Esse valor, segundo Solon pai de Francis, é referente ao que foi gasto pela família nos primeiros quatro anos de tratamento. *"Tivemos que vender imóveis e pedir dinheiro para parentes"*, recorda, em declarações ao jornal O Pioneiro. A indenização por danos morais foi estipulada em 800 salários mínimos – 400 para o jovem e 400 para os pais. Caberá ao dentista pagar 40% e, ao médico, arcar com 60% do valor. As partes ainda podem recorrer ao TJRS.

**PODER JUDICIÁRIO
COMARCA DE PARANAVAÍ – 1ª VARA CRIMINAL**

Vistos e examinados estes autos de processo-crime, registrados sob nº 23/97, em que é autor o Ministério Público e réu Fulano

I – RELATÓRIO

O agente do Ministério Público com atribuições nesta Comarca ofereceu denúncia contra Fulano , brasileiro, solteiro, dentista (CRO/SP n.º X X X, nascido em SP, aos X X X, filho de PAI e de MÃE, residente nesta cidade, na RUA X X X X , ao lado do n.º X X X, pela prática do seguinte fato delituoso :

"No dia 03 de junho do ano de 1995, no período das 17:00 às 19:00 horas, no consultório do denunciado, localizado na Rua XXXXXXX , ao lado do n.º X X X , o dentista Fulano , culposamente, agindo com manifesta imprudência, negligenciando aos deveres básicos de sua profissão, arte e ofício, ao submeter a vítima [Cicrano] a procedimento odontológico consistente na extração de um dente (terceiro molar), fraturou o dente e o deixou sem extrair, causando no ofendido as lesões corporais de natureza leve, descritas no diagnóstico odontológico de fls. 17 – "houve a tentativa de extração cirúrgica do terceiro molar inferior esquerdo, por outro cirurgião dentista, além de apresentar parestesia labial inferior esquerda com hematoma e edema (...) na seqüência foi efetuada a radiografia do local infeccionado e após foi constatado no exame radiográfico 60% do terceiro molar fraturado e impactado e perda da tábua óssea lingual total (...) sendo efetuado na seqüência a sutura parcial dos tecidos, pois houve a destruição do tecido na tentativa de remoção com outro cirurgião" e laudo de lesões corporais de fls. 18, verso (lesão iatrogênica – erro odontológico)." [1]

Em assim agindo, teria o denunciado incorrido nas sanções do artigo 129, §§ 6º e 7º, do Código Penal.

Recebida a denúncia, o réu foi regularmente citado por edital, porém não compareceu ao interrogatório designado, razão pela qual foi decretada a sua revelia, com a conseqüente nomeação de defensor que, em seguida, apresentou a defesa prévia.

No decorrer da instrução processual, foram ouvidas quatro testemunhas de acusação, que foram as mesmas arroladas pela defesa.

Cumprida a fase do artigo 499 do Código de Processo Penal, as partes apresentaram suas alegações finais, tendo o agente ministerial postulado pela condenação do réu pela prática do crime previsto no § 6º do artigo 129 do Código Penal, sem a incidência do aumento de pena previsto no § 7º do referido artigo legal [5].

A defesa, por sua vez, pugnou pela absolvição do réu, com fulcro na tese de que não houve imperícia por parte do réu, pois o dente já estava inflamado em sua raiz e que era uma extração extremamente difícil. Sustentou que ficou combinado com a vítima desta voltar no dia seguinte para terminar a extração, porém esta não mais retornou ao consultório.

II – FUNDAMENTAÇÃO

No caso em questão, a vítima compareceu ao consultório do réu, reclamando de muita dor em um dente (terceiro molar). O réu, após examinar o paciente, resolveu submetê-lo a um procedimento odontológico para extração do dente. No entanto, a cirurgia fracassou, pois o réu não conseguiu extrair o dente em sua totalidade e, mais ainda, deixou este fraturado, causando, com isso, lesões corporais de natureza leve no paciente.

Portanto, de acordo com a peça inicial acusatória, o réu teria agido com manifesta imprudência, negligenciando aos deveres básicos de sua profissão, arte e ofício.

Despiciendo dizer que a negligência é o oposto da diligência, que vem do vocábulo latino *diligere* – agir com amor, com cuidado e atenção, evitando quaisquer distrações e falhas. Logo, na base da diligência está sempre uma omissão dos comportamentos recomendáveis, derivados da comum experiência ou das exigências particulares da prática médica.

Já a imperícia é a falta de observação das normas, deficiência de conhecimentos técnicos da profissão, o despreparo prático. Também caracteriza a imperícia a incapacidade para exercer determinado ofício, por falta de habilidade ou ausência dos conhecimentos necessários, rudimentares, exigidos numa profissão.

Com base nestas considerações e analisando as provas carreadas aos autos, pode-se perfeitamente concluir que o réu foi negligente e imperito em seu atuar, pelos seguintes motivos:

Em primeiro lugar, porque o réu não submeteu o paciente a uma radiografia para analisar o estado em que o dente se encontrava. Trata-se de um procedimento básico antes de qualquer extração. Ora, se o réu sabia da necessidade da radiografia mas não a realizou, ele foi negligente em seu comportamento. Se não sabia que era necessária a realização da radiografia, é evidente que foi imperito, pois não tinha conhecimento imprescindível para exercer a sua profissão.

Em segundo lugar, se a cirurgia se tornou complicada, pois conforme ele próprio admitiu perante a autoridade policial, teve fratura da coroa e da raiz distal, não permitindo que ele tivesse acesso ao campo operatório, tendo, ainda, sido obrigado a recorrer a uma broca cirúrgica para extrair parte da coroa e raiz distal, o réu, que era um clínico geral e não um especialista, deveria ter encaminhado o paciente a um colega mais experiente. Todavia, preferiu extirpar o nervo da raiz, objetivando assim cessar a dor do paciente, e pedir que ele voltasse no outro dia, caso a dor continuasse.

No entanto, o que realmente se afigura mais grave é o fato de o réu não ter conseguido extrair o dente do paciente em sua totalidade, deixando-o fraturado, ou seja, seu serviço ficou absolutamente inacabado, causando enormes dores ao paciente, conforme relatou o Dr. Milton José em seu diagnóstico odontológico: **"Houve a tentativa de extração cirúrgica do terceiro molar inferior esquerdo, por outro cirurgião dentista, além de apresentar parestesia labial inferior esquerda com hematoma e edema, mas não podendo precisar o momento que aconteceu; na seqüência foi efetuada a radiografia do local infeccionado, e após foi constatado, no exame radiográfico, 60% do molar fraturado e impactado e perda da tábua óssea lingual total"**[8].

De conseguinte, inafastável é a condenação do réu, pois é evidente que as lesões corporais foram causadas pela sua negligência e sua imperícia no tratamento do paciente.

Por fim, cumpre salientar que merece acolhida o pleito ministerial de não incidência da causa especial de aumento de pena prevista no § 7º do artigo 129 do Código Penal, pelo fato de que, no homicídio culposo, a majoração da pena em virtude da inobservância de regra técnica é incabível quando esta constituir precisamente o núcleo da culpa com que se houve o agente.

III – DISPOSITIVO

Diante do exposto, julgo **procedente a pretensão punitiva estatal para condenar o réu Fulano, já qualificado, com incurso nas sanções do artigo 129, § 6º, do Código Penal.**

Passo a dosar-lhe a pena:

Considerando as lesões produzidas na vítima e tendo em conta o seu grau de reprovabilidade em vista da situação de fato em que ocorreu a sua conduta, **a culpabilidade deve ser considerada em grau elevado**; que possui bons **antecedentes**; que a sua **conduta social** é normal; que a sua **personalidade** não está voltada para a criminalidade, pois foi um

ato isolado em sua vida; que não há **motivo** para o crime; que o **comportamento da vítima** não contribuiu em nada para a atitude do réu; que as **conseqüências do crime** foram graves, pois a vítima sofreu muita dor e teve que arcar com gastos enormes para a realização de outra cirurgia e tratamento do dente fraturado; fixo-lhe a **pena-base no seu mínimo legal, qual seja, em um ano de detenção, pena esta que torno definitiva, diante da ausência de circunstâncias atenuantes ou agravantes e de causas especiais de aumento ou de diminuição.**

Estabeleço o regime aberto para o início do cumprimento da pena (Código Penal, art. 33, § 3º), mediante o cumprimento das seguintes condições:

a) durante todo o período da pena deverá prestar serviços à comunidade, na forma de doação de uma cesta básica mensal para a Cadeia Pública Municipal, no valor individual de R$ 50,00 (cinqüenta reais). As cestas básicas deverão ser entregues no Cartório desta Vara Criminal, sendo que o Escrivão ficará responsável de encaminhá-las à Cadeia Pública;

b) deverá recolher-se em sua residência no período compreendido entre 20:00 e 06:00 horas e também aos finais de semana e feriados, bem como comparecer pessoalmente em Juízo para informar e justificar suas atividades. Além disso, não poderá ausentar-se da comarca onde reside, por mais de dez dias, sem autorização do Juízo.

Condeno o réu, ainda, ao pagamento das custas e despesas processuais.

Após o trânsito em julgado, lance-se o nome do réu no rol dos culpados.

Oficie-se ao Conselho Regional de Odontologia de São Paulo, cientificando-se da presente condenação para a adoção das medidas cabíveis, inclusive enviando fotocópias autenticadas da presente sentença.

Cumpram-se, no que for pertinente, as disposições contidas no Código de Normas da Corregedoria Geral da Justiça.

Publique-se.

Registre-se.

Intime-se o réu, pessoalmente ou por edital, se não for encontrado, bem como o seu defensor, além do representante do Ministério Público.

Paranavaí, 06 de outubro de 1.998.

Álvaro Rodrigues Júnior

- **Responsabilidade civil do dentista pela confecção de prótese dentária:**

Prótese dentária – Prova pericial conclusiva – demonstrada a incorreção do tratamento no tocante à arcada inferior direita – Dever de indenizar – Impossibilidade de análise do restante do trabalho efetuado – Substituição da prótese por outro profissional – Sentença correta – Recursos desprovidos.
Acórdão n. 2047 – 6ª Câmara Cível
Ap. Cível – 0061394-9.

- **Responsabilidade civil por trepanação de canal radicular:**

Responsabilidade civil – Dentista – Execução insatisfatória dos serviços, obrigando o autor a refazê-los, bem como a pagá-los novamente a outro profissional – Condenação do réu na devolução da quantia recebida – Embargos rejeitados.
Embargos infringentes n. 183.274-2 – São Paulo – Embargante: Wilson Mestriner – Embargado: José Roberto Santucci.

- **Responsabilidade civil do dentista por dano estético:**

Responsabilidade civil – Dentista – Inexistência de nexo causal entre as queixas do autor e a intervenção cirúrgica nele realizada – Conduta do profissional respaldada pelos peritos e pela literatura especializada – Verba não devida – Recurso não-provido.
Apelação Cível n. 13.985-4 – São Paulo – Apelante: Marlene Aparecida Sanchez – Apelado: José Arnaldo Braghetti. (JTJ – Volume 182 – Página 94).

H - Casos de Erros Odontológicos no Estrangeiro

Jan-01-01, 07:46 PM (CST) "nerve damage from bone graft surgery"[122]

I had surgery December 6th, 2000. My dentist who is an implantology specialist suggested that I needed to have surgery to regenerate bone, he used synthetic materials. He mentioned that I needed this surgery for the implants that needed to be placed in my lower left area of my mouth. All in all the surgery lasted 2 1/2 hours. I was so leary going in to it. Although I trusted my dentist. I had a terrible premonition that said don't do it. I now wished I would have followed that premonition and not had anything done. This Wednesday it's going on 4 weeks and I can't feel half of my lower lip and the numbness extends to my chin. I call my dentist and he said that I needed time and that some patients take up to four months. He also mentioned that this could be permenant. He sounded so

---

[122] Lesão do nervo resultante de cirurgia para enxerto ósseo.(tradução nossa). http://www.sciential.net/cgi-bin/dcforum/dcboard.cgi?az=view_ip&forum=DCForumID5&om=13&omm=0&name=Cecilie%20%28Guest%29. Acesso em 01/01/2001.

discouraging to me. My surgery was different to the ones I had readed about on this site. Most injuries are due to injections. Is there anyone out there that has had this type of surgery? Since, I have complete numbness on half of my lower lip and my chin; does that mean I probably won't regain any feeling? Please if there is anyone out there who has undergone this type of surgery and has had the problems that I am having please answer!

DENTISTS KEEP CAUTIOUS EYE ON IOM RECOMMENDATIONS

CHICAGO (November 17, 2000)-Dentists have expressed concern that a mandatory medical error reporting system proposed by the Institute of Medicine (IOM) report, *To Err is Human*, could lead to problems of confidentiality and increased litigation.

While the report focuses on medicine-mostly in hospitals-it is clear that a central database of medical errors would affect dentistry as well.

Dentists hold that the types of mistakes discussed in the report are rare in dentistry. While there are isolated incidents of injury due to dentist error, few dental office mishaps result in death or serious harm.

"Not to say that mistakes don't happen, but the consequences are not nearly as severe as in medicine," says Vincent C. Mayher, Jr., DMD, FAGD, Academy trustee and former member of the Academy's Council on Legislative and Governmental Affairs.

Under the proposal for mandatory reporting, hospitals (and eventually all places where patients receive care) would be responsible for reporting such events to state governments. Currently, about a third of the states have their own mandatory reporting requirements, according to the U.S. Department of Health and Human Services (HHS).

For dentists, talk of reporting systems raises the specter of the National Practitioner Data Bank, which has been tweaking health care providers' nerves ever since its inception in 1986 by the Bureau of Health Professions, Health Resources and Services Administration of the HHS. The Data Bank, designed to collect information on unprofessional behavior, malpractice payments and disciplinary action and other licensure information by state boards, has been in the news recently as a number of forces push to open its records to the public.

Myron Bromberg, DDS, chair of the Academy's Council on Legislative and Governmental Affairs, says he has serious concerns about any plans for new reporting systems. Dentists were given repeated promises that the information contained within the Data Bank would never become public. "Yet here we are," he says, "facing Congressional pressure to open it to the public."

The new reporting system will be redundant and open doctors up to even greater risk of damaging information being released to patients, says Dr. Mayher.

Critics are not comforted by promises of confidentiality and safeguards in an era when most people have access and the ability to post information on the World Wide Web. "I don't see why we need another reporting system," said Dr. Mayher. "As far as I can see, this will just be Data Bank Two."

The Academy of General Dentistry is a non-profit organization of more than 37,000 general dentists dedicated to staying up-to-date in the profession through continuing education. A general dentist is the primary care provider for patients of all ages and is responsible for the diagnosis, treatment, management and overall coordination of services related to patient's oral health needs.

The Redwoods Group Dentists Insurance Program

QUICK NEWS

Children Are Dying in the Dentist Chair

By: JULIE SEVRENS
The Salt Lake Tribune
Thursday, June 1, 2000

Jonathan Hess went to a dentist to have a few teeth pulled and came back with severe brain damage.

Javier Villa and Torrie Price never did come home again.

The boys, all younger than 9 and all undergoing routine dental procedures, were felled by sedatives meant to calm them. And each was a victim of dental providers who allegedly underestimated the power of the drugs.

A disturbing trend is emerging across the nation: Oral-sedation deaths -- once unheard of -- are being reported more and more.

It isn't that the drugs themselves are thought to be unsafe. Since the most common sedative, chloral hydrate, was introduced in 1869, it has been used on millions of patients without problem, says Peter Hartmann, past president of the California Board of Dental Examiners.

Adverse consequences, he says, usually can be attributed to human error -- dentist error.

In fact, in the handful of oral-sedation mortality cases in California during the past decade, there has been a tragic pattern of gross negligence on the part of the dentists, Hartmann says. Usually, the dentist has overdosed the patient and then failed to realize something was going wrong because he or she was not monitoring a patient's vital signs

"These aren't accidents," says Hartmann. "These are tragedies."

And the number of tragedies has been steadily growing every year

While there were few known events before the 1990s, nationwide more than 95 cases involving children and oversedation have now been identified. The majority -- 51 -- ended in death. And researchers at Northwestern University, who reviewed adverse incidents stemming from sedatives, found at least nine children have suffered permanent neurological injuries.

Although children are sedated in several medical settings, a disproportionate number of the incidents occurred in dental offices.

"This is just the tip of the iceberg. I suspect there were many, many more [cases] than we were able to find," says Charles J. Cote, professor of anesthesiology and pediatrics at the university, whose research was published in April

But many dental experts emphasize that such incidents are still rare and isolated.

"If a parent were advised that a treatment with chloral hydrate or any drug like that was indicated, I would be much more concerned about the qualifications of the practitioner than the drug itself," says Paul Reggiardo, a spokesman for the American Academy of Pediatric Dentistry. "It's a drug *with a very wide margin of safety."*

Liquid sedatives are meant only to calm frightened or restless children enough so dentists can perform routine cavity-fillings or tooth extractions. Yet some dentists not only have been known to offer sedatives as a matter of course, in some instances they have upped the dose to dangerously

high levels.

"Often what happens is dentists find [a patient is] still ready to duke it out in the dental chair. It becomes easy to say 'Let's give him more,' "says Dave Anderson, chairman of the department of dental anesthesiology at Loma Linda University School of Dentistry.

High doses of sedatives can be devastating to the patient. Normally sedated patients can gag, breathe and swallow on their own. But if knocked unconscious from high doses, they may lose their ability to perform these protective reflexes and can die if they don't receive medical assistance.

Last September, a 3-year-old San Diego boy died after ingesting what investigators found to be a high dose of chloral hydrate.

In 1997, 4-year-old Javier Villa also died after being given a high dose of the sedative. The coroner investigating the case determined that the cause of death was asphyxiation.

When Hartmann and his colleagues reviewed oral-sedation mortality cases in California, they determined that most of the dentists involved had given higher doses of sedatives than they should have. Most failed to properly position their patients to keep their airways from becoming blocked. Few had even been monitoring the children's breathing. And none seemed to recognize the severity of the emergencies

When their patients' hearts stopped beating, the dentists tended to not know what to do, Hartmann says. Often CPR was not initiated. The dentists did not call 911 early enough. And some lied to paramedics about what they had given the children.

California has passed legislation requiring dentists to receive additional education before they can sedate patients younger than age 13. The law will take effect next January.

www.ingramcontent.com/pod-product-compliance
Lightning Source LLC
Chambersburg PA
CBHW060414220526
45465CB00008B/2873